초등 필수 고전
인문학 수업

일러두기

- 본문에 인용된 고전은 원전의 핵심 메시지를 그대로 살리되, 독자의 이해를 돕기 위해 저자가 일부 각색하였습니다.
- 본문에 인용된 고전의 표현을 최대한 살리기 위해 사투리, 비표준어는 그대로 두었습니다.
- 이 책에 소개된 어휘의 뜻풀이는 국립국어원 표준국어대사전을 따랐으며, 한자 표기가 없는 어휘는 고유어(순우리말)입니다.

문해력, 어휘력, 논리력이 자라나는

초등 필수 고전 인문학 수업

임성훈 지음

FIKA

재미있는 고전도 읽고,
문해력도 쑥쑥 키워 보자!

"문해력이 중요하다"라는 말을 한 번쯤은 들어봤을 거예요. '문해력'은 쉽게 말해 '글을 읽고 그 뜻을 제대로 이해하는 능력'이에요. 그런데 요즘 많은 어린이가 문해력이 부족해서 어려움을 겪고 있어요. 사실 어린이들 뿐만 아니라 어른들도 예전보다 문해력이 떨어졌다는 결과가 있어요. 원인으로는 많은 이유가 있지만 가장 큰 요인은 스마트폰과 디지털 매체의 과도한 사용을 꼽을 수 있어요. 숏츠나 릴스와 같이 짧은 영상을 보는 게 일상이 되고, 짧고 간단한 정보를 쉽게 얻는 게 습관이 된 것이지요. 그다음으로는 독서 부족과 어휘력 부족 때문이에요.

문해력이 부족하면 불편한 게 많아요. 특히 학교에서 수업을 듣거나 문제를 풀 때, 곤란한 경험을 하게 되지요. 문해력이라고 하면 단순히 국어에만 문제가 있을 거라고 생각하겠지만 그렇지 않아요. 국어뿐만 아니라 다른 과목의 문제를 풀 때도 어려움을 겪을 수 있어요. 예를 들어, 수학 문제를 풀 때, 수학 실력이 부족한 게 아니라 문제를 이해하지 못해서 손도 못 대는 거예요. 또 사회, 과학을 공부할 때도 분명히 과목은 재미있는데, 교과서에 나오는 단어들이 이해하기 어려워서 금방 흥미를 잃게 되는 경우도 있지요.

꼭 공부할 때가 아니더라도 마찬가지예요. 보드게임을 할 때 규칙을 설명한 글을 읽고 이해하는 게 어려워서 동영상을 찾아보는 경우도 있지요? 이런 경우도 문해력이 부족해서 그렇답니다. 문해력은 생각보다 우리 일상과 아주 밀접하게 연결되어 있어요. 혹시 지금 이 책을 읽는 여러분은 문해력 때문에 어려움을 겪은 적이 있나요?

문해력, 어휘력, 이해력은 우리가 공부를 잘하고, 친구들과 원활하게 소통하는 데 반드시 필요한 능력이에요. 멋진 건물을 세우기 위해서는 튼튼한 기초 작업을 해야 하는 것처럼, 이 세 가지 능력이 탄탄하게 갖춰져야 어떤 공부를 하든 더 쉽게 할 수 있고, 사람들에게 자기 뜻을 잘 전달할 수도 있어요.

그런데 이런 능력은 하루아침에 키울 수 없어요. 많은 사람이 "국어 실력은 시간과 돈을 많이 들여도 쉽게 늘지 않는다"라고 말해요. 그렇다면 어떻게 해야 할까요? 답은 아주 간단해요! 어릴 때부터 책을 많이 읽으면 됩니다. 다양한 분야의 책을 꾸준히 읽으면, 문해력이 높아지고 많은 어휘를 알게 되어서 자연스럽게 국어 실력이 올라가게 되어 있어요. 특히 오랫동안 많은 사람이 읽어 온 '고전'을 읽으면 문해력, 어휘력, 이해력을 키우는 데 더욱 효과적이지요.

이 책은 초등학생 친구들의 문해력, 어휘력, 이해력을 키우는 데 도움을 주기 위해 썼어요. 이 책의 특징을 살펴볼까요?

- 우리나라와 세계 여러 나라의 재미있고 중요한 고전을 골랐어요. 음식을 골고루 먹으면 건강에 도움이 되듯이, 세계 여러 나라에서 전해지는 다양한 시대의 고전을 읽으면 폭넓은 안목을 기를 수 있어요.
- 초등학교의 여러 과목과 연결된 어휘를 넣었어요. 한자어를 잘 알면 어려운 글을 읽고 이해할 수 있을 뿐 아니라, 고급스러운 글도 쓸 수 있어요. 국어 과목뿐만 아니라 수학, 사회, 과학 등 다른 과목에서 실제로 나오는 어휘도 소개하고, 쉽게 이해할 수 있도록 뜻풀이와 예시를 곁들였어요.
- 고전과 관련된 흥미로운 배경 이야기와 질문들을 통해 책을 더 깊이 이해할 수 있도록 했어요. 책을 한 번 읽고 끝내는 것이 아니라 '내 생각'을 가지는 것이 중요해요. 내 생각을 가지기 위해서는 책을 읽고

여러 가지 질문을 해 보는 것이 큰 도움이 된답니다.

• 고전을 읽는 이유는 문해력을 높이기 위해서도 있지만, 고전이 지닌 지혜를 배우기 위함이에요. 그래서 고전을 읽고 나서 자기 생각을 정리하고 글을 써 볼 수 있도록 했어요.

이 책을 읽으면서 고전의 재미를 느끼고, 문해력도 키우고, 생각하는 힘도 길러 보길 바랍니다. 그리고 책을 읽다가 궁금한 점이 생기면 부모님이나 선생님께 물어보거나 친구들과 이야기를 나눠 보는 것도 좋아요. 그러면 책 읽기가 더욱 즐거워질 거예요.

그럼 이제부터 고전의 세계로 함께 떠나 볼까요?

2025년 임성훈

이 책의 구성과 특징

저자 소개
고전을 쓴 저자의 정보를 알 수 있어요.

고전 읽기
초등학생이 꼭 읽어야 할 동서양 고전을 쉽고 재미있게 읽을 수 있게 각색했어요.

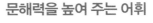

문해력을 높여 주는 어휘
고전 문학 속 어려운 어휘는 예시와 함께 보면 쉽게 이해할 수 있어요.

배경지식
각 고전 문학의 흥미로운 탄생 비화나 시대 배경 등을 알 수 있어요.

이해력을 높여 주는 질문

고전을 읽고 제대로 이해했는지 질문에 답하며 스스로 확인할 수 있어요.

고전 필사하기

좋은 글은 읽는 것에서 끝내지 않고, 따라 쓰면 오랫동안 잊어버리지 않고 내 것으로 만들 수 있어요.

생각을 키워 주는 글쓰기

새롭게 개정된 초등 교육 과정에서는 독서, 작문 활동을 통한 비판적·창의적 사고를 키우고, 논술 능력을 향상시키는 것을 중요시해요. 글쓰기는 고전을 읽고 자신만의 생각을 정리하는 데 큰 도움이 돼요.

차 례

1부 동양 고전

2부 서양 고전

고구려를
세운
영웅의 탄생

《삼국유사》

고전 읽기

고구려의 시조 동명성왕은 성이 고씨이고, 이름은 주몽이다. 부여의 왕 해부루는 북쪽 땅에서 동쪽으로 옮겨 동부여라 하고 그곳에서 지냈다. 해부루가 죽은 뒤에는 아들 금와가 자리를 이어받았다. 금와는 태백산(백두산) 남쪽 우발수에서 한 여자를 만났다.

그녀가 말했다.

"저는 하백(압록강의 신)의 딸 유화라고 합니다. 동생들과 놀러 나왔을 때 한 남자가 자신이 천제의 아들 해모수라고 소개하고 저와 혼인하였습니다. 그러나 그는 저를 버리고 돌아오지 않았지요. 부모님은 제가 중매도 없이 다른 사람을 따라간 것을 꾸짖으시고, 이곳에 귀양 보내셨습니다."

금와는 유화를 괴이하게 여기고 데리고 왔다. 그는 유화를 남몰래 방 안에 가두어 두었다. 그랬더니 햇빛이 그녀를 비추었는데, 유화가 몸을 피해도 햇빛이 따라다녔다. 그 후에 유화는 임신하여 알을 하나 낳았다. 그 알의 크기는 다섯 되(9리터) 정도 되었다. 유화가 낳은 알을 왕이 개와 돼지에게 던져 주었다. 하지만 짐승들이 모두 먹지 않았다. 알을 길에다 버리니 말과 소가 그 알을 피해 갔다. 알을 들판에 버리자 새와 짐승들이 알을 덮어 주었다. 왕은 그것을 깨뜨리려고 했지만 잘 깨지지도 않아, 하는 수 없이 다시 유화에게 돌려주었다. 유화는 알을 천으로 감싸 따뜻한 곳에 두었다. 그러자 어린 아이가 알을 깨고 나왔는데, 골격과 모습이 뛰어났다.

아이는 나이 일곱 살에 용모와 재주, 지략이 범상치 않았다. 아이는 스스로 활과 화살을 만들었는데, 백 번 쏘면 백 번 명중시켰다. 부여의 풍속에 활을 잘 쏘는 사람을 주몽이라 하였다. 이에 사람들은 아이를 주몽이라고 불렀다.

금와왕에게는 일곱 명의 아들이 있었는데, 그들은 항상 주몽과 함께 놀았다. 그러나 그들의 재주는 주몽에게 미치지 못해, 그를 시기했다. 그중에서도 금와왕의 맏아들 대소는 자칫하면 주몽에게 태자의 자리를 빼앗길까 두려워 항상 주몽을 경계했다.

하루는 대소가 왕에게 이렇게 말했다.

"주몽은 사람에게서 태어난 것이 아닙니다. 빨리 그를 없애지 않으면 반드시 후환이 있을 것입니다."

금와왕은 차마 주몽을 죽일 수 없었다. 그는 대소의 말을 듣지 않고 주몽에게 말을 기르는 일을 시켰다. 주몽은 날쌔게 잘 달리는 말을 알아보고 먹이를 조금씩 주어 마르게 했다. 그리고 늙고 병든 말은 잘 먹여 살찌게 했다. 왕은 자신이 살찐 말을 타고, 주몽에게는 마른 말을 주었다.

금와왕이 주몽을 살려두자, 왕의 아들들과 그들을 따르는 여러 신하들은 함께 주몽을 해치려 했다. 주몽의 어머니는 이 사실을 알고 아들에게 말했다.

"나라 사람들이 너를 해치려고 하는데, 너의 재주와 지략이면 세상 어느 곳에 간들 살지 않겠느냐? 빨리 떠나거라."

주몽은 친구 오이, 마리, 협보와 길을 떠났다. 엄수(압록강 부근)에 이르렀을 때 뒤에는 그를 해치려는 군사들이 쫓아오고 있었다.

"나는 천제의 아들이자 하백의 손자이다. 오늘 도망치는데 뒤쫓는 자들이 가까이 오고 있으니 어찌하면 좋겠는가?"

그 말이 떨어지자 물고기와 자라가 다리를 만들어 주몽 일행을 건널 수 있게 해 주었다. 그들이 지나가고 나서 다리가 없어져, 뒤쫓던 병사들은 강을 건너지 못하였다.

문해력을 높여 주는 어휘

용	모
容	貌

➡ 사람의 얼굴 모양

➡ 예 그는 **용모**가 출중하다.

세	상
世	上

➡ 사람이 살고 있는 모든 사회를 통틀어 이르는 말

➡ 예 아이들은 아직 **세상** 물정을 모른다.

후	환
後	患

➡ 어떤 일로 말미암아 뒷날 생기는 걱정과 근심

➡ 예 나쁜 짓을 하니 **후환**이 두렵다.

배경지식

① 《삼국유사》는 어떤 책일까?

《삼국유사》는 고려 시대의 스님이었던 일연이 1281년(충렬왕 7년)에 편찬한 삼국시대 역사서예요. 고려는 삼국을 통일하여 918년부터 1392년까지 470여 년 동안 한반도를 다스렸어요. 일연이 《삼국유사》를 편찬한 시기는 고려가 멸망하기 100여 년 전으로, 당시 고려 사회는 혼란한 상황이었어요. 문신 중심의 정치에 반발해서 1170년에 무신들이 난을 일으키고 100년 정도 고려의 정치를 좌지우지하면서 나라가 어지러웠어요. 1231년부터는 39년 동안 몽골이 아홉 차례나 침입해서 고려의 백성들이 전쟁으로 고통받았어요.

《삼국유사》이전에 고구려, 백제, 신라의 역사를 담은 역사서로 1145년경에 유학자 김부식이 편찬한 《삼국사기》가 있었어요. 《삼국사기》는 유교적인 관점에서 정치적인 사실을 중심으로 편찬되었어요. 그래서 보통 사람들이 살아가던 사회의 관습이나 문화, 경제, 사회, 언어 등에 관한 내용이 부족했어요. 《삼국유사》에는 《삼국사기》에서 자세히 드러내지 못한 것을 보완하는 내용이 많이 있어요. 《삼국유사(三國遺事)》에서 '유(遺)'라는 글자는 '빠졌다', '잃어버렸다'라는 뜻이 있어요. 즉《삼국유사》라는 제목은 《삼국사기》에서 놓친 삼국의 이야기를 엮었다는 의미가 있답니다.

《삼국유사》에는 고구려, 백제, 신라 삼국과 가야를 중심으로, 여러 고대 국가의 신화, 전설, 역사가 기록되어 있어요. 그리고 고승들에 대한 신비한 행적과 효행을 남긴 사람들의 이야기 등도 수록되어 있답니다. 그 주제는 주로 신라와 불교가 중심이에요. 일연은 《삼국유사》를 불교를 중심으로, 고려의 문화적인 자부심을 회복하려는 의도로 편찬했어요. 그러다 보니 세상에서 전해져 내려오는 신기한 이야기도 많이 소개해 주었어요. 알에서 사람이 태어난다거나, 물고기나 자라가 다리를 만들어 주어 강을 건너는 것과 같이 믿기 힘든 신기한 이야기도 소개되어 있어요. 이런 이야기를 비현실적이라고 외면할 것이 아니라, 그만큼 우리 문화의 자부심을 회복해서 현실의 어려움을 극복하려고 한 노력으로 이해하면 좋겠어요.

《삼국유사》가 세상에 나온 것은 "우리가 전쟁에서 졌기 때문에 잠깐 몽골인들의 지배를 받고 있지만, 우리는 문화적으로 이렇게 위대한 민족이고, 언젠가는 다시 우리의 기상을 회복할 것이다"라는 메시지를 전하기 위한 노력이라고 볼 수 있어요.

② 고구려의 역사

고구려는 우리나라의 고대 왕조 국가 중 하나로, 백제, 신라와 함께 삼국시대의 주인공이에요. 기원전 37년에 고주몽(동명성왕)이 건국한 이래 668년 멸망하기까지 700여 년 동안 한반도의 북부와 만주 지역을 다스렸어요.

《삼국사기》에는 주몽의 아버지인 해모수가 북부여의 왕으로 나와요. 이규보의 《동국이상국집》〈동명왕 편〉에는 주몽이 어릴 때 어찌나 활을 잘 쏘았던지 활로 파리를 겨냥해서 쏘면 맞출 정도로 실력이 출중했다는 내용이 있답니다.

주몽을 어릴 때 키워준 금와왕에 대해서도 재미있는 이야기가 전해져요. 부여의 왕 해부루는 나이가 들도록 아들이 없어서 제사를 지내기로 했어요. 제사를 지내러 가는 길에 타고 가던 말이 갑자기 큰 돌을 보면서 눈물을 흘리는 거예요. 그 돌을 굴려 치우니, 금빛 개구리 모습의 작은 아이가 있었어요. 해부루가 "하늘이 내게 아들을 주었다"라고 기뻐하며 '금와(金蛙, 황금색 개구리)'라 이름 짓고 왕위를 물려주었다고 해요.

금와의 아들들은 신하들과 함께 수십 명이 노력해도 사냥을 잘 못했는데, 주몽은 혼자서도 사냥을 곧잘 했다고 합니다. 금와의 첫째 아들 대소는 주몽을 괴롭히고 죽이려 했어요. 그들을 피해 달아난 주몽은 현재 중국에 속해 있는 졸본성을 수도로 삼고 나라를 세웠어요.

고구려는 부여를 비롯해 옥저, 동예 등 주변의 크고 작은 나라를 정복하면서 강력한 세력으로 성장했어요. 그리고 중국의 한나라, 수나라, 당나라 등과도 여러 차례 싸우면서 동아시아 지역의 강대국으로 자리 잡았어요. 고구려는 지리적인 위치 때문에 한반도를 중국의 세력으로부터 막아 내는 역할을 했어요.

삼국 중에서 가장 큰 영토와 강력한 군사력을 자랑하던 고구려는 내부적인 분열로 나라의 힘이 약해지고, 신라가 삼국 통일을 하기 위해 당나라와 연합하여 공격하는 바람에 멸망하고 말았어요. 하지만 고구려의 기상은 끊어지지 않았어요. 고구려가 멸망당한 뒤에도 대진국(발해), 고려는 고구려의 기상을 이어 나갔어요. 특히 918년부터 1392년까지 470여 년 동안 건재했던 고려는 건국자인 왕건이 궁예를 몰아내고 나라를 세우면서 이름을 '고려'라고 했어요. '고려'는 주몽의 다른 이름인 동명성왕이 세운 '고구려를 계승하자'라는 뜻으로 정한 나라 이름이지요. 사실 고구려에서도 장수왕 이후로는 정식 국호는 '고려'였답니다.

고려는 중국, 일본 등 주변 나라는 물론이고 아라비아 상인과도 교류했어요. 아라비아인들은 고려를 '코레(Core)'라고 불렀는데, 이 명칭이 '코레아(Corea)'로 바뀌었다가 현재 우리나라의 영문 공식 명칭인 '코리아(Korea)'가 되었답니다.

고전 필사하기

我是天帝子, 河伯孫 (아시천제자, 하백손)

나는 천제(하늘의 주인)의 아들이자 하백의 손자이다.

我是天帝子, 河伯孫 (아시천제자, 하백손)

나는 천제(하늘의 주인)의 아들이자 하백의 손자이다.

▶ ▶ ▶ 주몽이 위험에 처했을 때 자기가 누구인지 밝힌 말이에요. '나는 누구인가'를 아는 것, '내가 어떤 사람인지 정의하는 것'이 중요하지요. 스스로 좋은 사람, 성장하는 사람, 긍정적인 사람으로 정의한다면 만족스러운 삶을 살아갈 수 있지 않을까요?

이해력을 높여 주는 질문

1 대소는 왜 주몽을 해치려고 했을까요?

----

2 주몽을 도망치게 한 어머니는 어떤 심정이었을까요?

생각을 키워 주는 글쓰기

1 내가 주몽의 입장이었다면 어떻게 행동하는 게 좋았을까요?

부여에서 계속 살기 위해서는 어떻게 하면 좋았을지, 만약 도망가야만 했다면 어떤 준비를 하면 좋았을지 생각해 보세요.

생각을 키워 주는 글쓰기

2 나라의 시조에 대해 신비로운 이야기가 전해지는 이유는 무엇일까요?

알에서 사람이 태어나는 설화가 왜 생겨났을지 생각해 보세요.

사람답게
살아가는
세상을
꿈꾸다

《홍길동전》

고전 읽기

조선 세종대왕 시절, 홍씨 집안의 홍 판서는 사람 됨됨이가 겸손하고 강직하여 선비들의 본보기로 이름을 떨쳤다. 그는 일찍이 과거에 급제하여 벼슬길에 나서 뭇사람의 존경을 받았다. 홍 판서에게는 아들이 둘 있었다. 형은 정실부인 유 씨가 낳은 인형이었고, 동생은 몸종 춘섬이 낳은 길동이었다.

　홍 판서는 비록 몸종의 자식이지만, 재주가 뛰어난 길동을 아끼고 사랑했다. 하지만 길동의 어미가 천민이라, 타고난 신분은 어찌할 수 없었다. 하루는 길동이 홍 판서를 아버지라고 부르고, 인형을 형이라고 불렀다. 이에 홍 판서는 길동에게 다시는 그렇게 부르지 말라고 꾸짖었다. 열 살이 넘도록 길동은 아버지를 아버지라고, 형을 형이라고 부르지 못했다. 그러니 집안의 하인들까지도 길동을 무시하고 함부로 대했다.

어느 달 밝은 밤, 방에서 글을 읽던 길동은 울분에 차서 칼을 뽑아 들고 뜰로 나갔다. 길동은 가슴속 울분이 가라앉을 때까지 거침없이 칼을 휘둘렀다. 창문을 열고 이 모습을 본 홍 판서가 길동을 불렀다.

"밤이 깊었거늘 너는 무엇 때문에 이렇게 칼을 휘두르고 있느냐?"

"제가 달빛에 취했습니다."

"너를 달빛에 취하게 한 흥취가 대체 무엇이란 말이냐?"

홍 판서의 말에 설움이 울컥 솟구친 길동은 무릎을 꿇고 흐느꼈다.

"세상 만물 중에 가장 귀한 것이 사람입니다. 제가 대감의 피를 이어받아 태어났으니 이처럼 좋은 일이 어디 있겠사옵니까? 하지만 항상 가슴속에 맺힌 것이 있습니다. 아버지를 아버지라 부르지 못하고 형을 형이라 부르지 못하니 이 어찌 사람이라 하겠습니까?"

평소 아끼던 자식이 엎드려 울고 있는 모습을 본 홍 판서는 마음이 아팠다. 하지만 길동이 마음을 잡지 못할 것이 두려워 오히려 큰 소리로 꾸짖었다.

"재상들의 집안에 몸종에게서 난 자식이 조선 팔도에 너 하나가 아니다. 그런 말을 하려거든 내 앞에 얼씬도 하지 말거라!"

아버지의 꾸지람을 듣고 방으로 돌아온 길동은 밤새 슬퍼했다.

길동은 여러 달이 지난 뒤 다시 홍 판서를 찾았다.

"감히 여쭙고 싶은 것이 있어 찾아뵈었습니다."

"그것이 무엇이냐?"

"비록 저와 같은 서얼 출신이라도 글공부를 해 과거 급제하면 정승이 되고, 무과에 급제하면 장군이 될 수 있는 것입니까?"

당시에는 어머니가 천민이면 천민으로 취급되어 벼슬길이 막혀 있었다. 홍 판서는 다시 한번 길동을 크게 꾸짖었다.

"네 감히 뉘 앞이라고 함부로 입을 놀리느냐. 당장 물러가거라!"

길동은 어머니의 방으로 가 흐느끼며 말했다.

"부모의 은혜는 크고도 넓어 끝이 없다고 배웠습니다. 사내로 태어나 세상에 이름을 떨쳐 부모의 이름을 빛나게 하는 것이 마땅한 도리인 줄 압니다. 하지만 제 팔자가 한심하여 세상이 저를 업신여기니 한스럽기 짝이 없습니다. 대장부로 태어나 천한 출신이라는 이유 하나로 남의 발밑에서 살아갈 수는 없습니다. 제 뜻대로 할 수 없다면 차라리 새로운 세상을 일으켜 세워 이름을 크게 떨칠 것입니다."

길동은 큰 뜻을 품고 집을 나와 활빈당이라는 무리를 모았다. 그는 백성들을 괴롭히는 탐관오리의 재물을 빼앗아 가난한 백성들에게 나누어 주었다. 나라에서는 길동을 잡으려 했지만, 길동의 신통력 때문에 잡을 수 없었다. 길동은 자기 때문에 집안이 위태로워질 것을 염려해 조선을 떠났다. 그리고 율도국이라는 나라를 만들어 왕이 되었다.

신	분
身	分

➡ 개인의 사회적인 위치나 계급

➡ 예 **신분**에 맞는 행동을 해야 한다.

급	제
及	第

➡ 시험이나 검사 따위에 합격함

➡ 예 율곡 이이는 아홉 번이나 과거에 **급제**했다.

본	보	기
本	보	기

➡ 옳거나 훌륭하여 배우고 따를 만한 대상

➡ 예 부모는 아이의 **본보기**가 되어야 한다.

배경지식

① 《홍길동전》은 어떤 책일까?

《홍길동전》은 16세기 후반에 허균이 지은 소설로 알려져 있어요. 주인공 홍길동의 아버지는 양반이지만, 어머니는 몸종이었어요. 조선 시대에 부모 중한 명이 양반이라도 다른 한 명이 천민인 경우, 양반으로 대우받지 못했어요. 그래서 아무리 재주가 뛰어나더라도 양반과 같이 벼슬을 할 수는 없었답니다.

작품 속에서 홍길동은 신분적인 한계 때문에 "아버지를 아버지라 부르지 못하고, 형을 형이라 부르지 못하는" 자기 신세를 한탄합니다. 아버지의 첩이 자기를 해치기 위해 보낸 자객을 제압한 뒤에 길동은 집을 떠납니다. 더 이상 답이 없는 집안, 기존의 질서를 벗어나는 첫걸음이었어요.

집을 떠난 길동은 도적 소굴에 쳐들어가 그들을 굴복시키고, 활빈당을 조직해요. 기존의 도적들은 양반이건 양민이건 가리지 않고 자기 배를 채우기 위해 물건을 빼앗았어요. 하지만 길동이 우두머리가 된 뒤에 활빈당의 칼은 백성들의 재물을 부당하게 얻은 양반, 벼슬아치를 향합니다.

《홍길동전》에서 홍길동은 민중의 영웅, 의적으로 그려져요. 마치 영국 잉글랜드의 셔우드 숲을 근거지로 삼아 백성들을 도왔던 로빈 후드와 비슷해요. 백성들을 괴롭히던 관리와 귀족의 재산을 빼앗아 가난한 사람에게 나누어 주었던 로빈 후드처럼 홍길동도 관아의 곳간을 열어 백성들을 돕습니다.

동에 번쩍, 서에 번쩍하며 의적 활동을 하던 홍길동을 잡기 위해 임금은 홍길동의 아버지와 형을 협박해요. 자기 때문에 아버지와 형이 곤란해지는 것을 두고 볼 수 없었던 홍길동은 잡히는 척하며 임금 앞에 나타나지만, 도술을 부려 빠져나갑니다. 힘으로 길동을 제압할 수 없다는 것을 깨달은 임금은 길동에게 벼슬을 내리고 나중에 길동이 나라를 떠날 때 양식도 빌려줍니다.

길동은 율도국을 평정해 왕이 된 후 모두가 행복하게 살 수 있는 나라로 만듭니다. 나이가 든 뒤에는 부인과 함께 도를 닦아 신선이 되었다는 이야기도 전해지지요.

② 허균은 왜 《홍길동전》을 지었을까?

허균이 살던 시대에 일본이 조선을 침략한 임진왜란이 일어났어요. 이때 허균은 의병을 일으켜 일본에 맞서 싸웠답니다. 허균은 나라를 구하기 위해 힘쓰기도 했지만, 당시 조선을 비판적으로 바라보기도 했어요. 그는 많은 사람이 존경하던 김종직이라는 선비를 공개적으로 비판해서 사람들에게 충격을 주기도 했고, 서얼 문제에 대해 매우 비판적인 시각을 가지고 있었어요.

서얼은 서자와 얼자를 합친 말이에요. 서자는 양반과 양인 사이의 자식이고, 얼자는 양반과 천민 사이의 자식을 뜻해요. 서얼은 양반의 후손 가운데 첩에게서 난 자식이라는 의미예요. 서얼은 양반이 아닌 중인으로 취급받고 차별이 심했어요. 서얼은 조선 초부터 법에 따라 관직에 진출할 수가 없었는데 19세기 말이 되어서야 비로소 이 차별이 사라졌습니다.

《홍길동전》은 조선 시대의 신분 차별에 대한 문제의식에서 태어난 소설이에요. 허균은 아버지의 둘째 부인의 자식이었고, 스승인 이달은 서자였답니다. 허균은 스승이 서자로서 겪은 차별에 자극받아 《홍길동전》을 지었어요. 이달은 한시의 대가였어요. 명나라 사신이 당나라의 전설적인 시인 이백의 시와 비슷한 경지라고 칭찬할 정도로 시를 잘 지었어요. 하지만 그는 평생 벼슬을 하지 못해 별다른 직업 없이 떠돌아야 했답니다.

고전 필사하기

세상 만물 중에 가장 귀한 것이 사람입니다.

아버지를 아버지라 부르지 못하고 형을 형이라 부르지 못하니

이 어찌 사람이라 하겠습니까?

세상 만물 중에 가장 귀한 것이 사람입니다.

아버지를 아버지라 부르지 못하고 형을 형이라 부르지 못하니

이 어찌 사람이라 하겠습니까?

▶▶▶ 서얼 출신의 홍길동이 아버지를 아버지라 부르지 못하고, 형을 형이라 부르지 못하는 서러움을 표현한 말이에요. 같은 사람이지만 신분의 차이 때문에 고통받았던 사람들의 심정을 느낄 수 있어요.

이해력을 높여 주는 질문

1 홍길동은 아버지에게 어떤 점이 서운했을까요?

---

2 재주 많은 길동을 보면서 아버지는 어떤 심정이었을까요?

생각을 키워 주는 글쓰기

1 시간이 지나면서 조선에서 서얼의 수가 늘었을 텐데, 어떤 문제가 생겼을까요?

많은 사람이 같은 생각을 하면 그 힘이 세집니다. 한두 사람의 문제가 아닌, 사회의 문제가 되었을 때 어떤 변화가 일어났을지 생각해 보세요.

----

2 홍길동이 만약 집을 나오지 않았다면, 어떻게 살았을까요?

길동은 세상에 나와서 비로소 자기 뜻을 펼칠 수 있었어요. 신분적인 한계로 다른 일을 하지 못하고 집에 갇혀 있었다면, 길동이 자기 마음 대로 살 수 있었을지 생각해 보세요.

평화를 위해
전쟁을
준비하라

《징비록》_ 전란 초기

고전 읽기

《징비록》이란 무엇인가? 임진왜란이 일어난 후의 일을 기록한 것이다. 아아, 임진년(1592년)의 전화는 참혹했다. 수십 일 만에 한양, 개성, 평양이 왜군에게 넘어갔다. 조선 팔도는 무너졌으며, 임금은 피난을 떠났다.

《시경》에 이르기를 "지난 일의 잘못을 경계하여 뒤의 근심거리가 없도록 조심한다"라고 했는데, 이것이 내가《징비록》을 저술한 이유이다.

처음에 조선과 일본은 사이좋게 지냈다. 성종 임금 때까지는 일본에 사신을 파견하여 화목했다. 이후 사신을 파견하지 않고 매번 일본으로부터 사신이 올 때마다 예에 맞게 접대할 뿐이었다. 1586년에 일본의 사신 다치바나 야스히로가 일본 국왕 도요토미 히데요시의 서신을 가지고 왔다. 히데요시는 이렇게 말했다.

"우리 사신이 늘 조선에 가는 데 조선 사신은 오지 않으니, 우리를 얕보는 것 아닌가?"

사신으로 온 야스히로는 반드시 좋은 방에서 묵고, 말과 행동이 거만하고 무례했다. 예전의 일본 사신들과는 태도가 사뭇 달랐다. 그래서 사람들이 이상하게 생각했다.

야스히로가 한양에 도착하니 예조판서가 잔치를 베풀어 대접했다. 술에 취할 때쯤 야스히로는 후추 열매를 자리 위에 뿌렸다. 이 후추 열매를 줍겠다고 기생과 악사들이 서로 다투고 소란스러웠다. 야스히로가 이 모습을 보고 말했다.

"조선은 망하겠다. 기강이 이미 허물어졌으니 망하지 않기를 어찌 기대하겠는가?"

그가 돌아갈 때 조선 조정에서는 히데요시의 서신에 이렇게 답해 주었다.

"우리가 물길에 어두워서 사신을 파견하는 것은 허락할 수 없다."

야스히로가 아무런 성과 없이 돌아가자, 히데요시는 크게 화를 내고 야스히로와 그 가족들을 해쳤다.

1591년 봄, 조선에서는 일본에 통신사 황윤길과 김성일을 보냈다. 히데요시가 조선 사신을 접대한 방식은 매우 간략했다. 사신들

앞에 탁자 하나만 놓고는 익힌 떡 한 그릇과 술을 내놓았다. 히데요시는 사신들을 앞에 두고 갑자기 일어나 들어갔다가 평상복 차림으로 어린애를 안고 나와 이리저리 왔다 갔다 했다. 그러던 중에 어린애가 옷에 오줌을 싸자, 그는 웃으면서 시중드는 자를 불러 아이를 넘겨주고 다른 옷으로 갈아입었다.

그의 모든 행동이 곁에 사람이 없는 것처럼 제멋대로였다. 히데요시는 조선 왕의 국서에 답도 써 주지 않고 사신들에게 떠나라고 했다. 그러자 김성일이 말했다.

"제가 사신이 되어 국서를 가지고 왔는데, 만약 답서 없이 돌아간다면 이는 왕명을 어기는 것과 같습니다."

이에 비로소 답서가 왔는데, 그 내용이 거만하여 조선에서 바라던 것이 아니었다. 김성일은 답서를 받지 않고 여러 차례 수정을 요구한 후에야 떠났다. 김성일이 가는 곳마다 일본인들이 그에게 선물을 주었지만, 김성일은 모두 받지 않았다.

황윤길이 부산으로 돌아와 일본의 상황에 대해 보고했다. 그는 반드시 전쟁이 일어날 것이라 했다. 하지만 김성일이 말했다.

"전쟁이 일어날 만한 상황은 아니었습니다. 황윤길이 잘못된 보고로 사람들의 마음을 동요시키는 것은 옳지 못합니다."

내(유성룡)가 김성일에게 만약 정말로 전쟁이 일어나면 어떻게 할 것인지 묻자 그는 이렇게 말했다.

"일본이 꼭 전쟁을 일으키지 않을 것이라고는 못 하겠습니다. 하지만 황윤길의 말이 너무 지나쳐 나라 안팎이 모두 놀라고 있습니다. 인심이 동요할 것 같아 그런 의견을 말했을 뿐입니다."

문해력을 높여 주는 어휘

➡ 일정한 임무를 주어 사람을 보냄

➡ 예 일본은 협상 대표를 회담장에 **파견**했다.

➡ 전쟁으로 말미암은 재화(災禍). 또는 그런 피해

➡ 예 독일은 한때 자기 나라와 온 세계를 **전화** 속에 몰아넣은 적이 있다.

➡ 일이 되어 가는 과정이나 형편

➡ 예 만일의 **상황**에 대비해 준비를 철저히 하자.

1 《징비록》은 어떤 책일까?

《징비록》은 임진왜란 당시 선조와 함께 피난길에 올랐던 류성룡이 쓴 책이에요. 임진왜란이 일어난 1592년부터 1598년까지의 일을 기록하여, 임진왜란 당시의 상황을 적나라하게 기록하였답니다. 역사적인 가치가 높아 대한민국 국보 제132호로 지정되었어요.

《징비록》의 제목은 "미리 징계하여 뒷날의 근심을 경계한다"라는 《시경》의 말에서 따왔어요. 류성룡은 임진왜란의 실상을 상세하게 기록하여, 후세 사람들이 또 다른 전쟁에 휩싸이지 않길 바라면서 교훈을 주기 위해 책을 썼어요.

이 책을 지은 류성룡은 어릴 때부터 영특하여 한 번 읽은 책은 모두 외워 버렸다고 해요. 류성룡은 퇴계 이황의 제자로 뛰어난 성리학자였지만, 전쟁이라는 시대적인 상황을 피해 갈 수는 없었어요. 그는 어려운 상황에서 명나라의 지원군에게 군량을 보급하고, 이순신을 천거하는 등 조선의 승리에 결정적인 역할을 했어요. 류성룡은 '조선의 5대 명재상' 가운데 한 사람으로 평가받기도 해요.

《징비록》에는 임진왜란 직전의 상황과 전쟁의 전개 과정, 그리고 전쟁 중 있었던 수많은 일화를 소개하고 있어요. 특히 전쟁 과정에서 조선의 무능함과 약점을 있는 그대로 기술해서 그 경험을 거울삼을 수 있게 했어요.

② 임진왜란은 왜 일어났을까?

섬나라 일본의 지도자들은 조선이나 명나라의 상황을 정확히 알지 못했어요. 일본을 통일한 도요토미 히데요시는 조선을 거쳐 명나라를 정복하겠다는 허황된 꿈에 취해 있었어요.

도요토미 히데요시는 다른 나라와의 전쟁을 통해 다이묘와 군인들을 통제하려고 했어요. 그는 명나라와 직접 교류하겠다는 명분으로 조선에 길을 빌려달라는 요구를 했지요. 명나라와 사대 외교(큰 나라를 받든다는 의미) 정책을 펴던 조선은 일본의 이런 요구를 수용할 수 없었고, 전쟁은 피할 수 없게 되었어요.

고전 필사하기

지난 일의 잘못을 경계하여 뒤의 근심거리가 없도록 조심한다.

지난 일의 잘못을 경계하여 뒤의 근심거리가 없도록 조심한다.

▶ ▶ ▶ 조선은 임진왜란에 충분히 대비할 수 있었지만, 그렇게 하지 못했어요. 아프고 부끄러운 역사라도 숨길 것이 아니라 그 속에서 배울 점을 찾기 위해 노력하는 저자의 마음을 느낄 수 있어요.

이해력을 높여 주는 질문

1 사신으로 온 야스히로가 우리나라가 망할 거라고 한 이유는 무엇인가요? 그 말은 맞는 말일까요?

----

2 도요토미 히데요시는 어떤 성향의 인물이었을까요?

생각을 키워 주는 글쓰기

1 개인의 경험이나 민족의 역사를 기록하는 일은 왜 필요할까요?

예전에 일기를 쓴 것을 보면서 그때의 기억이 떠올랐던 경험이 있을 거예요. 만약 기록을 하지 않는다면 그 과거는 어떻게 될까요?

생각을 키워 주는 글쓰기

❷ 사람들이 같은 현상을 보고 정반대로 판단하기도 하는 이유는 무엇일까요?

분명히 같은 이야기를 들었는데 다르게 기억하거나 다른 생각을 하는 경우가 종종 있지요. 왜 그런지 자신의 경험에 비추어 생각해 보세요.

나라를
구한
영웅

《징비록》_ 이순신

저자 소개 류성룡(1542 ~ 1607)

임진왜란 때의 영의정으로, 조선을 지키기 위해 많은 노력을 기울인 명재상이에요. 임진왜란 직전에 이순신을 추천하였고, 전쟁의 실상을 기록해 《징비록》을 남겼어요.

고전 읽기

명량해전의 승리 이후 이순신의 군사는 8,000여 명까지 늘어났다. 군량이 걱정이었다. 이순신은 군량을 확보하기 위해 해로 통행첩을 만들었다.

"경상, 전라, 충청 3도의 바다를 통행하는 선박으로 통행첩이 없는 배는 간첩선으로 간주하여 통행할 수 없게 한다."

이때 난을 피해 배를 탄 사람들은 이순신에게 통행첩을 받았다. 피난하는 사람들은 배에 재물과 곡식을 싣고 왔기 때문에, 통행첩을 받기 위해 쌀을 내는 것을 그리 어렵게 생각하지 않았다. 이순신은 이렇게 군량 만여 석을 얻었다. 또 백성들이 가지고 있던 구리와 쇠를 모아다 대포를 주조하고, 나무를 베어다가 배를 만들어서 모든 일이 잘 진척되었다.

　얼마 후 명나라 도독 진린이 이순신과 힘을 합치게 되었다. 진린은 성질이 매우 사나워 다른 사람과 대부분 뜻이 맞지 않았고, 사람들은 그를 두려워했다.

　이순신은 군인들에게 사냥과 고기잡이를 시켜 사슴, 돼지, 해산물을 확보하고, 술잔치 준비를 하며 진린을 기다렸다. 진린의 배가 바다에 들어오자, 이순신은 의식을 갖추고 멀리 나가서 맞아들였다. 진린이 도착하여 그 군사들을 크게 대접했고, 취하지 않은 장수가 없었다. 군사들이 서로 전하여 말하기를 "이순신은 과연 훌륭한 장수다"라고 했다. 진린도 마음속으로 매우 기뻐했다.

　오래지 않아 일본 배가 가까운 섬을 공격해 왔다. 이순신은 군사를 보내 쳐부수고 모두 진린의 공으로 만들어 주었다. 진린은 기대했던 것보다 넘치는 대우에 더욱 기뻐했다. 진린은 이로부터 모든 일을 이순신에게 물어서 처리했고, 밖으로 나갈 때는 이순신과 가마를 나란히 하고 감히 먼저 가지 않았다.

　이순신은 드디어 명나라 군사와 우리 군사들 사이에 어떤 차별도 두지 않겠다는 약속을 받아 냈다. 명나라 군사가 백성들의 물건을 조그만 것이라도 빼앗으면 잡아다가 매를 치게 하니, 감히 그 명령을 어기는 사람이 없어서 섬 안이 조용했다.

　진린은 임금께 글을 올려 "통제사 이순신은 천하를 다스릴 수 있는 재주와 국운을 만회시킨 공이 있습니다"라고 했다. 이는 진린이 이순신에게 마음속으로 감동하고 그를 따랐기 때문이었다.

전쟁 끝 무렵에 고니시 유키나가는 순천 예교에 성을 쌓고 굳게 지켰다. 하지만 결국 성을 버리고 도망갔다. 이순신과 진린이 바다를 드나드는 길목을 제압하고 가까이 쳐들어갔다. 고니시 유키나가는 사천에 있는 일본군 시마즈 요시히로에게 구원을 요청했다.

시마즈는 고니시를 구원하러 배를 이끌고 왔다. 이에 이순신이 나가 공격하여 시마즈의 구원군을 크게 격파했다. 적선 200여 척을 태웠으며, 수를 헤아릴 수 없이 많은 일본군을 죽였다. 이때 우리 군사는 도망가는 일본군을 추격하여 남해의 경계에 이르렀다. 이순신은 몸소 힘껏 싸웠는데, 날아오는 탄환이 그의 가슴을 뚫었다. 좌우에 있던 사람들이 부축하여 장막 안으로 들어가니 이순신은 "싸움이 급하니 내가 죽은 것을 알리지 말라"라고 말하며 숨을 거두었다.

우리 군사와 명나라 군사는 이순신의 전사 소식을 듣고 연달아 진영이 통곡하며 마치 자기 부모가 세상을 떠난 것처럼 슬퍼했다. 그의 상여 행렬이 이르는 곳마다 사람들이 곳곳에서 제사를 베풀고 상여를 붙잡고 통곡하기를 "공께서 우리를 살려 놓으시더니 지금 우리를 버려두고 어디로 가십니까?" 하며 길을 막아서 상여가 지나가지 못하게 되었다. 길가의 사람들도 눈물을 흘리지 않는 이가 없었다.

문해력을 높여 주는 어휘

통	행
通	行

➡ 일정한 장소를 지나다님

➡ 예 공사로 차량의 **통행**을 금지한다.

주	조
鑄	造

➡ 녹인 쇠붙이를 거푸집에 부어 물건을 만듦

➡ 예 이 공장에서는 선박에 들어갈 부품을 **주조**한다.

차	별
差	別

➡ 둘 이상의 대상을 각각 등급이나 수준 따위의 차이
를 두어서 구별함

➡ 예 우리 직장은 능력에 따른 **차별**이 심하다.

배경지식

 이순신은 어떤 인물일까?

이순신은 31세 때 무과에 급제해 무관으로 관직에 나아갔어요. 타협하지 않
는 강직한 성품으로 윗사람들의 사사로운 부탁을 들어주지 않아, 그의 관직
생활은 평탄하지 않았어요. 하지만 류성룡 등의 추천으로 전라도 수군을 지
휘하게 되면서 이순신의 진가가 드러나기 시작했어요.

이순신은 왜군의 침략에 대비해 거북선을 비롯한 전함을 만들고, 군사들을 훈련했어요. 임진왜란이 일어나자, 경상도 수군을 지휘하던 원균의 부탁으로 경상도까지 전라도 수군을 이끌고 나가 왜군과의 해전에서 승리를 거두었어요. 옥포해전, 당포해전, 한산도대첩, 부산포해전 등 모든 전투에서 한 번도 패배하지 않고 승리했지요.

이순신의 엄청난 활약에 기가 질린 왜군은 꾀를 냈어요. 힘으로 이순신을 이길 수 없었기 때문에 계략을 통해 이순신을 궁지에 몰아넣었어요. 일본의 꾀에 넘어간 조선 조정은 이순신이 명령에 복종하지 않았다고 한양으로 끌고 가 모진 고문을 하기도 했답니다.

이순신이 없는 조선 수군은 우왕좌왕했어요. 칠천량 해전에서 왜군에게 패해 거의 전멸 상태가 되었지요. 당시 조선의 임금이었던 선조는 이순신에게 사과하고, 그를 다시 조선의 모든 수군을 지휘하는 삼도수군통제사로 임명했어요. 하지만 이순신에게 남은 것은 13척의 배뿐이었답니다. 이런 열악한 상황에도 이순신은 명량해전에서 130여 척의 왜군에 맞서 크게 승리해요.

이후 명나라와 연합하여 왜군을 여러 차례 물리쳤어요. 명나라의 장수 진린은 성격이 고약하기로 유명했는데, 이순신의 인품과 능력에 감탄하여 진심으로 존경하게 되었답니다. 이순신은 노량해전에서 200여 척의 적선을 불태웠지만, 안타깝게도 총에 맞아 전사하고 말았답니다.

② 이순신의 숙적

이순신은 인품과 능력이 뛰어났지만, 그를 싫어하는 사람도 있었어요. 이순신의 능력을 시기 질투했던 대표적인 인물은 원균이었어요. 원균은 경상도 수군을 지휘했는데, 일본군의 위협에 놀라 전라도 수군을 지휘하고 있던 이순신에게 도움을 요청했어요. 원균을 도우러 간 이순신이 왜군과의 해전에서 여러 차례 승리하여 공을 세우자, 원균은 심기가 불편해졌어요. 이후 그는 이순신과 사사건건 대립하고 이순신을 헐뜯었어요. 이순신이 삼도수군통제사에서 파직된 뒤에는 자신이 삼도수군통제사가 되었지만, 칠천량 해전에서 참혹하게 패배하고 자신도 죽음을 맞이했어요.

고전 필사하기

싸움이 급하니 내가 죽은 것을 알리지 말라.

싸움이 급하니 내가 죽은 것을 알리지 말라.

▶▶▶ 노량해전에서 이순신 장군이 탄환에 맞아 죽어 가면서 남긴 말이에요. 이순신 장군은 자신의 죽음을 알렸을 때 조선 수군이 동요할 것을 염려했어요. 마지막 순간까지 조선을 지키기 위해 최선을 다했던 이순신 장군의 마음을 느낄 수 있어요.

이해력을 높여 주는 질문

1 이순신은 군량을 확보하기 위해 어떻게 했나요? 다른 방법은 없었을까요?

----

2 이순신이 진린을 다룬 방법은 무엇인가요? 잘했다고 생각하는 점과 아쉬운 점이 있다면 무엇인가요?

생각을 키워 주는 글쓰기

1 전쟁이 났을 때 군사를 지휘하는 권한이 다른 나라에 있으면 어떻게 될까요?

명나라에서 지원군이 왔지만, 수군의 전체 지휘권은 진린에게 있었어요. 이순신은 진린의 마음을 얻으려고 많은 노력을 기울여야 했지요. 우리나라의 군사 지휘권이 다른 나라에 있다면 어떤 불편함이 있을지 생각해 보세요.

_____

_____

_____

_____

_____

_____

_____

생각을 키워 주는 글쓰기

2 이순신에게 감명받은 점과 배워야겠다고 생각한 점은 무엇인가요?

이순신의 말과 행동을 잘 생각해 보세요.

사람은
겉모습만 보고
판단하지
말아야 한다

《박씨전》

저자 소개 작가 미상

《박씨전》은 누가 지었는지 알려지지 않은 한글 고전 소설이에요.
지어진 때도 정확한 기록이 없지만, 아무리 빨라도 17세기 정도
로 추측하고 있어요. 이유는 《박씨전》의 배경이 17세기에
일어난 병자호란이기 때문이에요.

고전 읽기

이득춘은 조선의 이름난 재상이었다. 그는 좌의정을 지내면서 뛰어
난 재주와 인덕으로 나라에 충성하고, 백성들을 잘 이끌었다. 조선
팔도에 그를 존경하지 않는 사람이 없었다. 그에게는 시백이라는 아
들이 있었고, 그는 아들을 매우 아꼈다.

어느 날 누추한 옷을 입은 사람이 자신을 금강산에 사는 박 처사라
고 소개하면서 바둑 두기를 청했다. 평소 바둑에 자신이 있었던 이
득춘은 흔쾌히 청에 응하고 바둑을 두었는데, 박 처사를 이길 수 없
었다. 이득춘은 박 처사가 부는 통소 소리에도 마음을 빼앗겨 덜컥
그와 사돈을 맺고 말았다.

유명한 집안에서 근본을 알 수 없는 집안과 혼인하게 되어 집안의

반대가 심했다. 하지만 이득춘은 약속을 어길 수 없어 금강산까지 찾아가 혼례를 치르고, 박 처사의 딸을 데리고 집으로 돌아왔다.

돌아오는 길에 날이 저물어 일행이 주막에 들렀다. 이때 신부의 얼굴을 처음 본 이득춘과 이시백은 까무러치게 놀랐다. 신부의 얼굴이 검붉은 데다 이끼 긴 돌처럼 얽었다. 입과 코는 닿아 있었으며, 눈은 달팽이 구멍과도 같았고, 입은 두 주먹이 들어갈 정도로 컸다. 이마는 메뚜기 같고, 머리털은 짧은 데다가 부스스해서 괴물 같았다. 이득춘은 이렇게 생각했다.

'박 처사와 같은 뛰어난 사람이 구태여 나를 찾아와 혼인하자고 했으니 틀림없이 사연이 있을 것이다. 만일 내가 박대하면 세상에 돌봐 줄 사람이 없을 것이니, 내가 중히 여겨야겠다.'

하지만 이시백의 생각은 달랐다. 이시백은 아버지가 아무리 신부와 사이좋게 지내라고 해도 못생긴 외모 때문에 가까이 하지 않았다. 이시백은 3년이 지나도록 신부를 쳐다보려고도 하지 않았다.

어느 날 박 처사가 찾아와 딸에게 말했다.

"이제 네 액운이 다하였으니, 허물을 벗어라."

다음 날 박씨 부인은 허물을 벗고 세상 누구보다 아리따운 여인이 되었다. 그제야 이시백은 아내에게 사죄하고 정답게 지냈다.

한편 청나라는 조선에 임금과 신하의 관계를 요구했다. 그리고 그 요구를 거절한 조선을 기다렸다는 듯이 침략하여 온 나라를 쑥대밭으로 만들었다. 청나라가 쳐들어오기 전, 박씨 부인은 남편을 통해 임금에게 청나라가 북쪽이 아닌 동쪽으로 올 것이라고 했다. 하지만 조선 대신들의 무시로 박씨 부인의 의견은 받아들여지지 않았다.

청나라는 박씨 부인의 말대로 동쪽으로 쳐들어와 한양을 점령했다. 임금은 한양을 버리고 항전하였으나 청나라를 이겨 내지 못했고, 결국 청나라에 항복했다. 조선의 항복을 받아 내고 돌아가던 청나라 장군 용율대가 박씨 부인의 집을 침범하려고 했다. 박씨 부인은 도술로 검은 구름을 피어오르게 하고, 나뭇가지와 잎을 창과 칼로 변하게 했다. 창과 칼이 소나기처럼 쏟아지자 청나라 군사들은 혼비백산했다. 놀란 용율대가 급히 도망가려고 했지만, 그의 주위를 뾰족한 바위가 순식간에 겹겹이 둘러쌌다. 용율대는 자기를 이렇게 곤궁에 빠뜨린 사람이 여자라는 사실을 알고, 치욕스러움에 스스로 목숨을 끊었다.

용율대의 형인 용골대는 이 소식을 듣고 박씨 부인을 잡으려고 했다. 그는 이시백의 집 주위를 직사각형 모양으로 깊이 파고 화약을 채웠다. 화약에 불을 지르자 벽력같은 소리와 함께 불꽃이 활활 타올랐다. 박씨 부인은 옥으로 만든 부채를 흔들었다. 그러자 불꽃이 청나라 군사들에게 날아갔다. 수많은 군사가 불에 타 죽자, 용골대는 이를 악물고 떠날 수밖에 없었다.

"우리나라를 짓밟은 네놈들의 소행을 생각하면 모두 죽여야 할 것이다. 그러나 지금은 하늘의 뜻이 너희를 승리로 이끄니 참겠다. 너희가 죽을죄를 지었지만 살려 보내는 것이니, 우리 세자와 대군을 부디 편안하게 모셔야 할 것이다. 만일 그렇게 하지 않으면 내가 너희를 씨도 없이 멸할 것이다."

박씨 부인의 무시무시한 말에 용골대와 청나라 군사는 머리를 조아리고 물러갔다. 청나라 군사들이 물러 나와 길을 떠나자 잡혀가는 부인네들이 서럽게 울며 말했다.

"슬프다. 이제 가면 죽을지 살지 알 수 없으니, 언제 고국산천을 다시 볼까."

박씨는 계집종 계화를 시켜 부인들을 위로했다.

"고생 끝에 즐거움이 온다 하니 너무 서러워 마시오. 몇 년 후면 다시 집으로 돌아올 수 있을 것이니, 부디 때를 기다리시오."

박씨는 뒤에 자녀 열한 명을 두었는데, 모두 잘 자라 귀한 집안과 혼인했다. 박씨는 90세가 되도록 남편 이시백과 행복하게 살았다.

문해력을 높여 주는 어휘

액	운
厄	運

➡ 액(모질고 사나운 운수)을 당할 운수

➡ 예 그는 교통사고라는 큰 **액운**을 겪었다.

대	신
大	臣

➡ 군주 국가에서 '장관'을 이르는 말

➡ 예 **대신** 집 강아지 범 무서운 줄 모른다.

직	사	각	형
直	四	角	形

➡ 내각(內角)이 모두 직각인 사각형. 주로 정사각형이 아닌 것을 이른다.

➡ 예 이 건물은 **직사각형** 모양이다.

배경지식

 '병자호란'은 왜 일어났을까?

《박씨전》의 배경이 된 병자호란은 청나라가 조선에 임금과 신하의 예를 요구하고, 이것을 조선이 거부하면서 일어나게 되었어요. 조선이 처음에 세워졌을 때 중국에는 명나라가 있었어요. 조선은 나라의 이름을 명나라 황제에게 물어볼 정도로 명나라를 받들었어요. 그런데 그런 명나라가 망해 버렸어요. 명나라를 멸망시킨 청나라는 그 뿌리가 명나라와는 달랐어요. 명나라가 한족의 나라였다면, 청나라는 여진족의 나라였답니다.

조선은 여진족을 오랑캐라고 무시했어요. 그런 여진족이 세운 청나라를 오랑캐라고 무시한 것은 어쩌면 당연한 일일지도 몰라요. 하지만 청나라의 군대는 막강했답니다. 몇 달도 되지 않는 시간 동안 청나라 군대는 조선의 수도 한양을 점령하고 조선의 백성들을 약탈했어요.

병자호란 당시 조선의 임금이었던 인조는 삼전도에서 청나라 태종에게 항복하게 되었는데, 이것을 '삼전도의 굴욕'이라고 해요. 조선은 항복하는 대가로 청나라를 섬길 수밖에 없었어요. 조선은 젊은 여성들을 청나라에 공녀로 바치고, 임금의 아들까지 포로로 청나라에 보내야 했어요. 조선은 청나라에 항복한 대신 나라를 유지할 수 있었지만, 크나큰 상처를 받게 되었지요.

② 《박씨전》은 어떤 내용을 담고 있을까?

조선 시대에 여성은 남성과 동등하게 대우받지 못했어요. 조선은 남성 중심, 유교 중심의 세상이었어요. 하지만 병자호란에서 조선은 큰 충격을 받았어요. 부모의 나라라고 섬기던 명나라는 망해 버리고, 오랑캐로 업신여기던 청나라 황제에게 조선 임금이 고개를 조아리게 된 것이지요. 전쟁 후 조선의 임금은 황제를 대신해 온 청나라 신하에게도 쩔쩔매야 했답니다.

조선의 관리들은 청나라와의 전쟁에서 제대로 힘을 쓰지 못했어요. 장군들은 전쟁터에서 제대로 싸워 보지도 못하고 도망갔고, 청나라에 끌려갔던 조선의 여인들은 살아 돌아오더라도 정절을 잃었다는 이유로 치욕스럽게 살아야 했어요. 그녀들은 심지어 자기 집에서 쫓겨나기도 했지요. 그런 사회적인 분위기에서 《박씨전》을 지은 작가는 뛰어난 능력을 지닌 여성을 주인공으로 내세워 남성 중심이었던 조선 사회를 비판하고, 병자호란의 아픔을 이겨 내려고 한 것이 아닐까요?

고전 필사하기

> 만일 내가 박대하면 세상에 돌봐 줄 사람이 없을 것이니,
>
> 내가 중히 여겨야겠다.

> 만일 내가 박대하면 세상에 돌봐 줄 사람이 없을 것이니,
>
> 내가 중히 여겨야겠다.

▶▶▶ 박씨 부인의 외모만 보고 그녀를 멀리했던 주변 사람들과 달리, 이득춘은 박씨의 내면을 살필 줄 알았어요. 사람의 겉모습만 보고 쉽게 판단해 버리면 그 사람의 진정한 가치를 알기 어렵답니다.

이해력을 높여 주는 질문

1 박씨 부인의 외모가 괴물 같았음에도 불구하고 이득춘이 박씨 부인을 잘 대해 주려고 한 이유는 무엇일까요?

---

2 병자호란이 일어나기 전, 조선의 대신들은 왜 박씨 부인의 조언을 듣지 않았을까요?

생각을 키워 주는 글쓰기

1 《박씨전》의 작가는 왜 여자를 주인공으로 해서 청나라 장군을 혼내 주는 소설을 썼을까요?

조선 시대에 여성은 대접받지 못했어요. 남자들이 패배한 청나라와의 전쟁에서 여성을 내세워 복수하는 이야기를 왜 썼을지 생각해 보세요.

---

2 뛰어난 재주를 가진 박씨 부인이 직접 전쟁터에 나서지 않은 이유는 무엇이었을까요?

소설 속 박씨 부인처럼 뛰어난 재주가 있었다면 전쟁터에 나가서 엄청난 공을 세웠을 거예요. 하지만 이 소설을 쓴 시대 상황을 생각해 보세요.

부귀영화는
물거품과
같다

《구운몽》

고전 읽기

중국 5대 명산 중 하나인 형산의 연화봉에 인도에서 온 유명한 고승인 육관대사가 있었다. 성진은 육관대사에게 불법을 배우고 수도하는 젊은 승려였다. 하루는 성진이 육관대사의 명을 받고 용왕을 방문했다가 승려가 해서는 안 되는 행동을 했다. 그는 술을 마시고, 신선 위부인의 제자 여덟 선녀를 만나 말장난을 했다. 연화봉에 돌아와서는 불법 수행에 회의를 느끼고 속세의 즐거움과 부귀영화에 마음을 빼앗겼다.

육관대사는 바로 성진을 꾸짖었다. 성진은 염라대왕 앞에 끌려가 인간 세상 당나라에서 양소유라는 이름으로 태어났다. 양소유는 뛰어난 재주로 과거에 급제하고, 여러 차례 전쟁에서 당나라를 위기에서 구하였다. 그는 20세의 나이에 승상이 되어 30여 년간 8명의 아내와 함께 부귀영화를 누렸다.

늘그막에 그는 8명의 아내를 모아 놓고 술잔을 기울이다 문득 인생의 허망함을 느껴 옥퉁소를 구슬프게 연주하며 말했다.

"북쪽을 보면 진시황의 아방궁, 서쪽은 한무제의 무릉, 동쪽은 현종이 양귀비와 노닐던 화청궁이오. 이 세 임금은 온 천하를 집으로 삼고 당당한 기세로 100년도 오히려 짧게 여겼지만, 지금은 모두 어디에 있단 말이오. 우리도 100년이 지나면 우리가 노닐던 높은 누대는 무너지고, 연못은 메워질 것이며, 노래하고 춤추던 곳도 풀과 안개로 덮일 것이오. 그러면 나무꾼과 목동이 이곳을 오르내리면서 이렇게 탄식하겠지. '여기가 양 승상과 그 부인들이 놀던 곳이지. 하지만 그들의 아리따운 모습이 지금은 모두 어디로 갔단 말인가!' 그러고 보면 인생이란 얼마나 덧없는 것이란 말이오."

이때 인도에서 온 한 스님이 지나가며 말했다.

"당신은 아직도 춘몽에서 깨지 못하셨소이다."

"저를 꿈에서 깨어나게 하실 수 있겠습니까?"

"그야 어렵지 않지요."

스님이 지팡이를 들어 돌난간을 두어 번 두드리자, 사방에서 구름이 일어났다 걷히더니 성진의 몸이 작은 암자 안에 앉아 있었다. 성진이 제 몸을 보니 손목에는 염주가 걸렸고, 머리털은 까칠까칠

했다.

'스승님께 질책받은 뒤에 인간 세상에 태어나 겪은 일이 사실은 모두 하룻밤 꿈이었구나!'

육관대사가 성진을 불러 말했다.

"성진아! 인간 세상의 부귀영화를 겪어 보니 어떻더냐?"

"제가 그릇된 생각을 품어 죄를 지었는데, 스승님께서 하룻밤 꿈으로 제 마음을 깨닫게 하시니, 그 은혜를 갚기 어렵습니다."

"네가 흥이 나서 갔다가 흥이 다해 돌아온 것뿐이다. 너는 '인간 세상의 꿈을 꾸었다'라고 하는데, 이는 인간 세상의 꿈을 다른 세상이라고 여기는 것이다. 그런 걸 보니 너는 아직도 꿈에서 미처 깨어나지 못했구나. 장주가 꿈에 나비가 되었다가 나비가 다시 장주가 되니, 어느 것이 거짓이고 어느 것이 참인지 분별하지 못하였거늘, 성진과 양소유 중 어느 것이 꿈이고 어느 것이 꿈이 아니더냐?"

이어 위부인의 여덟 선녀도 육관대사에게 배움을 청했다. 육관대사는 불경을 강론했다.

"세상의 모든 존재와 현상은 꿈과 허깨비와 같고, 물거품과 그림자와 같으며, 이슬과 번개와 같은 것이다."

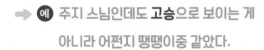

고	승
高	僧

➡ 덕 높은 승려

➡ 예 주지 스님인데도 **고승**으로 보이는 게 아니라 어쩐지 땡땡이중 같았다.

춘	몽
春	夢

➡ 봄에 꾸는 꿈이라는 뜻으로, 덧없는 인생을 비유적으로 이르는 말

➡ 예 모든 것이 **춘몽**과 같이 사라졌다.

부	귀	영	화
富	貴	榮	華

➡ 재산이 많고 지위가 높으며 귀하게 되어서 세상에 드러나 온갖 영광을 누림

➡ 예 그는 **부귀영화**를 누렸다.

배경지식

1 《구운몽》은 어떤 책일까?

《구운몽》의 작가인 김만중은 51세 되는 해에 유배 길을 떠나게 되었어요. 당시 김만중의 형인 김만기는 세상을 떠나고 자신은 유배지에 있어서 어머니의 생신을 챙겨 드리지 못했답니다. 김만중은 어머니의 생신에 어머니가 두

아들을 만나지 못하는 상황을 슬퍼했어요. 그래서 어머니에게 책을 지어 보내 위로해 드렸는데, 그 책이 바로《구운몽》이랍니다.

《구운몽》은 한 이야기 속에 다른 이야기가 들어 있는 액자 소설이에요. 성진이라는 스님과 그 스승인 육관대사의 이야기가 원래 이야기예요. 성진이 육관대사의 심부름을 하고 돌아오는 길에 여덟 선녀와 서로 희롱하면서 속세를 그리워하지요. 육관대사는 성진에게 깨달음을 주기 위해 속세에 태어나게 하면서 두 번째 이야기가 시작됩니다. 이야기 속에 이야기가 마치 액자처럼 들어가 있다고 해서 액자 소설이라고 해요.

두 번째 이야기의 주인공 양소유는 많은 재주를 가진 인물이에요. 그는 쉰 살까지 아이가 없었던 양 처사와 류 부인의 아들로 태어납니다. 양소유의 아버지는 어린 자식을 둔 채 푸른 학을 타고 집을 떠나고, 양소유는 젊은 나이에 자기의 힘으로 장원 급제합니다.

양소유는 집안을 일으키겠다는 출세에 대한 욕망, 그리고 사랑하는 사람을 얻으려는 욕망이 강한 사람이에요. 그리고 그 욕망을 이룰 수 있을 만큼 뛰어난 재주를 가졌지요. 그는 관직에 나아간 후에 나라를 위협하는 적을 여러 차례 전쟁에서 물리치는 큰 공을 세웁니다.

양소유와 마찬가지로 여덟 선녀도 세상에 태어나요. 양소유는 그녀들과 인연을 맺고 그녀들의 사랑을 한 몸에 받아요. 황제의 여동생인 난양공주, 정경패를 정실부인으로, 진채봉, 계섬월, 가춘운, 적경홍, 심요연, 백능파를 첩으로 두고 부귀영화를 누립니다. 그러다 꿈에서 깨어난 성진은 인생이 한낱 꿈과 같다는 깨달음을 얻는답니다.

② 《구운몽》에 나오는 나비와 장주의 이야기

장주는 《장자》라는 고전의 저자로 알려져 있어요. 《장자》에는 장주와 나비의 이야기가 나와요. 그 이야기는 다음과 같습니다.

어느 날 장주는 꿈에서 나비가 되었다. 장주는 훨훨 나는 나비가 된 것이 기뻤고 흔쾌히 스스로 나비라고 생각했다. 자기가 장주라는 것을 알지 못했다. 하지만 금방 깨어나 보니 틀림없이 다시 장주였다. 장주가 꿈에서 나비가 되었는지, 나비가 꿈에서 장주가 되었는지 알 수 없었다.

사람인 장주가 나비가 되어 자유롭게 날아다니는 꿈을 꿉니다. 꿈속에서 장주는 자신을 나비라고 여기고, 꿈 이전에 자신의 모습은 잊어버립니다. 하지만 꿈에서 깨어난 후, 장주는 자신이 사람이라는 걸 자각해요. 하지만 조금 헷갈립니다. 현실이 꿈일 수도 있지 않을까요? 나비가 현실이고, 사람인 장주가 꿈일 수도 있다는 말이지요. 마찬가지로 성진이 꿈 속에서 양소유가 된 것인지, 양소유가 꿈 속에서 성진이 된 것인지도 알 수 없는 것이에요.

고전 필사하기

세상의 모든 존재와 현상은 꿈과 허깨비와 같고,

물거품과 그림자와 같으며, 이슬과 번개와 같은 것이다.

세상의 모든 존재와 현상은 꿈과 허깨비와 같고,

물거품과 그림자와 같으며, 이슬과 번개와 같은 것이다.

▶▶▶ 살아가면서 얻는 경험은 무엇보다도 소중합니다. 하지만 외부에서 얻는 경험에만 너무 집착하면 행복해지기 힘들 수도 있어요. 우리가 누릴 수 있는 모든 것을 우리가 다 정하고 통제할 수는 없기 때문이에요. 모든 것이 영원하지 않으니, 즐기는 마음으로 살아간다면 마음이 더 여유로워질 거예요.

1 육관대사는 왜 성진에게 부귀영화의 꿈을 꾸게 한 것일까요?

2 여덟 선녀들이 성진과 함께 세상에 태어난 이유는 무엇일까요?

생각을 키워 주는 글쓰기

1 성공한 삶이란 어떤 것일까요?

우리는 종종 다른 사람의 기준에 맞추어 성공을 생각합니다. 내가 생각하는 성공한 삶에 대해 써 보세요.

_____

_____

_____

2 내가 성진이라면 꿈속 경험으로 무엇을 깨달을 수 있을까요?

꿈에서 깨니 다시 현실이었어요. 꿈속에서 내가 바라는 것을 모두 경험한 뒤에 어떤 생각이 들었을지 생각해 보세요.

_____

_____

_____

_____

공부하는 자는
먼저 뜻부터
크게 세워라

《격몽요결》

고전 읽기

처음 학문을 하는 사람은 반드시 먼저 뜻부터 세워야 한다. 그리하여 자기도 성인이 될 것이라고 마음먹어야 한다. 그렇지 않고 조금이라도 스스로 하지 못하겠다고 물러서려는 생각을 가져서는 안 된다.

사람의 성품이란 본래 착해서 옛날과 지금의 차이나, 지혜롭고 어리석은 차이가 없게 마련이다. 그런데 어찌 성인만이 홀로 성인이 되고, 나는 성인이 되지 못한다는 것인가? 이는 진실로 뜻이 제대로 서지 못하고, 아는 것이 분명치 못하며, 또 행실이 착실하지 못하기 때문이다.

뜻을 세우고, 아는 것을 분명하게 하고, 행실을 착실하게 하는 일들은 모두 나 자신에게 있는 것이니 어찌 이것을 다른 사람에게서 구하겠는가? 그렇기에 뜻을 세우는 일이 가장 귀하다고 말하는 것은, 즉 이 뜻을 가지고 부지런히 공부하면서도 오히려 내가 따라가지 못할까 두려워하여 조금도 뒤로 물러서지 말라는 것이다.

사람이 학문에 뜻을 두었다고 해도 용기 있게 앞으로 나아가고 전진해서 무슨 일을 이루지 못하면 예전의 묵은 습관이 그 뜻을 막아 흐려 버리고 만다. 예전의 묵은 습관이 무엇인가를 여기에 쓰니, 만일 뜻을 채찍질해서 이것을 깨끗이 없애 버리지 않으면 끝내 아무것도 배우지 않은 사람이 되고 말 것이다.

1. **게으름**: 그 마음과 뜻을 게을리하고 자기 행동과 모양을 아무렇게나 버려두며, 다만 일신이 편안하게 지낼 것만 생각하고 예절이나 올바른 일에 구속되는 것을 싫어하는 것.

2. **실속 없이 분주함**: 항상 움직일 것만 생각하고 조용히 자기 마음을 지키려고 애쓰지 않으며, 어지럽게 드나들면서 쓸데없는 말만 하고 세월을 보내는 것.

3. **본질에서 벗어남**: 악하고 이상한 짓을 좋아하고 보통 풍속에 골몰하며, 조금 자기 행동을 조심하려고 해도 남들이 자기를 괴상하게 여길까 두려워하는 것.

4. **보이기 위한 행동**: 글을 따다가 제 글인 체하고 헛된 문장을 꾸며

만드는 것.

5. **허송세월:** 쓸데없는 짓을 일삼고 거문고 뜯기, 술 마시기를 일삼
으며 공연히 놀고 세월을 보내면서 자기만이 가장 맑은 운치를
가지고 사는 체하는 것.

6. **잡기:** 한가롭게 아무 일도 없는 사람들을 모아 놓고 바둑 두고
장기 두는 것을 일삼으며, 배불리 먹고 마시면서 날을 보내고
남과 다투기를 꾀하는 것.

7. **물질에 대한 욕망:** 부자로 살거나 귀하게 지내는 사람을 부러워
하고 가난하고 천하게 지내는 것을 싫어하며, 좋지 못한 의복과
좋지 못한 음식을 몹시 부끄러워하는 것.

8. **절제하지 못함:** 매사에 욕심만 부리고 아무런 절조가 없으며, 잘
잘못을 판단해서 억제할 줄을 모르고 재물이 돌아오는 것과 좋
은 소리, 좋은 빛을 지나치게 탐하는 것.

반드시 크게 용맹스러운 뜻을 가지고, 마치 칼날로 쳐서 물건을 끊
듯이 그 뿌리를 잘라 없애서 마음속에 터럭만큼도 그 남은 줄거리가
없도록 해야 할 것이다.

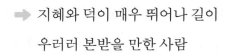

문해력을 높여 주는 어휘

성	인
聖	人

➡️ 지혜와 덕이 매우 뛰어나 길이 우러러 본받을 만한 사람

➡️ 예 공자와 맹자는 **성인**으로 떠받들어진다.

학	문
學	文

➡️ 《서경》,《시경》,《주역》,《춘추》, 예(禮), 악(樂) 따위 의 시서·육예를 배우는 일

➡️ 예 그는 학자가 되려고 **학문**에 열중했다.

용	기
勇	氣

➡️ 씩씩하고 굳센 기운. 또는 사물을 겁내지 아니하는 기개

➡️ 예 사실대로 말할 **용기**가 생기지 않는다.

배경지식

1 《격몽요결》은 어떤 책일까?

《격몽요결》은 율곡 이이가 임진왜란이 일어나기 15년 전인 1577년에 쓴 책이에요. '격몽'은 '어리석음을 깨운다'라는 말이고, '요결'은 '가장 중요한 방법'이라는 뜻이에요. 그래서 '격몽요결'이라는 제목의 뜻은 '처음 공부를 시작하는 사람들이 어리석음에 빠지지 않게 일깨워 주는 가장 중요한 방법'이라고 할 수 있어요.

율곡은 처음 제대로 배움을 시작하려는 사람들을 위해 《격몽요결》을 썼어요. 《격몽요결》에는 아래와 같은 내용이 들어 있어요.

① **공부를 시작하는 사람이 가져야 할 마음 자세**: 처음에 높은 뜻을 세우고, 예전의 잘못된 습성을 버리고, 몸과 마음을 바르게 하고, 스스로 고민하는 독서를 하라는 내용이에요.

② **부모님에 대한 효도**: 부모님에게 효도하고, 돌아가시면 예에 맞게 상을 치르고, 정성을 다해 제사를 지내라는 내용이에요.

③ **사회적인 관계**: 집안 식구들을 어떻게 대할지, 사람을 어떻게 사귈지, 사회에서 성공하기 위해 어떤 태도를 가져야 할 것인지에 대한 내용이에요.

2 성리학은 어떤 학문이었을까?

성리학은 공자의 가르침을 따르는 유학이 중국의 송나라와 명나라 때 발전한 학문이에요. 성리학은 남송 시대에 주희가 잘 정리했어요. 그래서 주희를 공자와 버금가는 큰 스승이라는 의미로 '주자'라고 높여 불렀지요.

성리학은 사람들의 자기 수양을 강조했어요. 그리고 가족과 사회를 잘 유지할 수 있는 도덕적인 규칙을 전해, 유학 중심의 사회가 잘 유지될 수 있게 했답니다.

우리나라에서는 고려 시대에 성리학이 받아들여졌고, 조선 시대에 본격적으로 발달했어요. 조선을 세운 태조 이성계는 나라를 운영하는 기본 정신으로 성리학을 받아들였어요. 조선 중기에 율곡 이이는 퇴계 이황과 함께 성리학의 꽃을 피운 대학자였어요.

고전 필사하기

처음 학문을 하는 사람은 반드시 먼저 뜻부터 세워야 한다.

그리하여 자기도 성인이 될 것이라고 마음먹어야 한다.

처음 학문을 하는 사람은 반드시 먼저 뜻부터 세워야 한다.

그리하여 자기도 성인이 될 것이라고 마음먹어야 한다.

▶▶▶ 우리가 어떤 일을 시작할 때 스스로 자기 한계를 낮게 정해 버리면 그 이상 발전할 수 없어요. 이이는 성인이 쓴 책을 읽을 때 자기도 성인이 되겠다는 큰 뜻을 세우라고 했어요. 무슨 일이든 마음을 크게 먹고 한계를 정하지 말라는 뜻이에요.

이해력을 높여 주는 질문

1 이이는 어떤 뜻을 세우라고 말하고 싶은 걸까요?

_____

_____

_____

_____

2 처음에 결심한 것이 잘 지켜지지 않는 이유는 무엇일까요?

_____

_____

_____

_____

생각을 키워 주는 글쓰기

1 내가 가진 가장 나쁜 습관과 좋은 습관은 무엇인가요?

어떤 일에 집중하는 데 도움이 되는 습관과 그렇지 않은 습관을 떠올려
보세요.

생각을 키워 주는 글쓰기

2 처음부터 목표를 높게 잡으라는 말에 대해 어떻게 생각하나요?

쉬운 목표부터 하나하나 이루어 나가는 것과 처음부터 큰 목표를 잡는 것에 어떤 차이가 있을지 생각해 보세요.

_____

_____

_____

_____

_____

_____

_____

_____

자유롭게
사랑할 수
있다면

《춘향전》

고전 읽기

변 사또의 생일 잔치에 각 고을 수령이 모였다. 변 사또는 주인으로 한가운데에 앉아 하인들을 불러 분부한다.

"잔칫상을 올려라. 큰 소를 잡고, 악사를 대령하고, 사령들은 잡인의 출입을 금하라."

그때 어사또가 문 안으로 들어가서 여기 기웃, 저기 기웃, 덩달아 흥겨운 체하고 소리친다.

"여봐라, 사령들아! 너희 사또께 여쭈어라. 먼 데서 온 걸인이 좋은 잔치를 만나, 술과 안주 좀 얻어먹자고 여쭈거라."

눈이 부리부리한 사령 하나가 말한다.

"우리 사또께서 걸인의 출입을 금하셨으니 그런 말은 하지 마시오."

이때 자리에 참석한 운봉이 말한다.

"그 양반 드시라고 하여라."

어사또는 들어가 단정히 앉아 좌우를 살핀다. 대청마루 위의 모든 수령이 사각형 모양의 상을 앞에 두었는데 산해진미가 가득하다. 자기 앞에 놓인 상은 모서리 떨어진 개다리소반에 나무젓가락, 콩나물, 깍두기, 막걸리 한 사발이 전부로구나.

"이런 잔치에 노래와 춤만으로 놀아서는 흥이 안 나니 시 한 수씩 지어 보면 어떠하오?"

운봉의 제안으로 차례로 시를 짓는다. 그러자 어사또도 나선다.

황금 술잔 속 맛 좋은 술은 천 사람의 피요,
옥돌로 만든 쟁반 위 맛 좋은 안주는 만백성의 기름이라.
촛농 떨어질 때 백성들의 눈물 떨어지고,
노랫소리 높은 곳에 원망 소리 드높더라.

이 시를 본 운봉은 손이 덜덜 떨리고 가슴이 덜컥 내려앉는다. 운봉은 핑계를 대며 자리를 뜨고, 물정 모르는 변 사또는 술이 거나해져서 분부한다.

"여봐라, 춘향을 대령하라!"

이때 어사또가 문밖에서 관아의 관리에게 눈 한 번 꿈쩍, 부채질을까딱한다. 여기서 번쩍, 저기서 번쩍, 남원읍에 우글우글. 역졸 하나 나서더니 마패를 해같이 번쩍 들며 소리친다.

"암행어사 출두야!"

이 외치는 소리에 하늘이 무너지고 땅이 꺼지는 듯, 산천초목이며 짐승인들 아니 떨랴. 난리도 이런 난리가 없는데, 그사이 어사또가 옷을 잘 갖춰 입고 유유히 들어선다.

어사또는 대청마루에 자리를 잡고 앉아 말한다.

"변 사또를 파면하고 창고를 봉하라."

동서남북 사대문에 방을 붙이고, 아전을 불러 호령한다.

"옥에 갇힌 죄수를 다 올려라."

아전이 죄인을 전부 올리니 각각 죄를 물어 죄 없는 자 모두 풀어 주고 마지막으로 춘향만 남았다. 어사또가 분부한다.

"얼굴 들어 나를 보라."

춘향이 고개를 들어 바라보니 지난밤 거지가 되어 찾아왔던 서방이 어사가 되어 앉아 있구나.

"이게 꿈이오, 생시오? 꿈이라면 깨지 말고, 생시라도 깨지 마소! 얼씨구나 좋을시고, 어사 낭군 좋을시고. 가을 들어 낙엽 되어 떨어질까 걱정하였더니, 우리 낭군 꽃 피는 봄바람으로 불어와 날 살리시네. 어머니는 어디로 가셨는가? 이런 때에 함께 계시면 오죽 좋을꼬."

어사또가 전라도를 모두 순찰하여 민심을 살핀 뒤 서울로 올라가서 임금 앞에 나아가 절하니, 임금이 크게 칭찬하였다. 그 뒤에 어사또는 정승까지 지내고 벼슬에서 물러나 춘향과 백년해로하였다.

문해력을 높여 주는 어휘

민	심
民	心

➡ 백성의 마음

➡ 예 **민심**을 얻다.

모	서	리
모	서	리

➡ 물체의 모가 진 가장자리

➡ 예 침대 **모서리**에 걸터앉다.

백	년	해	로
百	年	偕	老

➡ 부부가 되어 한평생을 사이좋게 지내고 즐겁게 함께 늙음

➡ 예 그들은 **백년해로**를 약속했다.

배경지식

① 《춘향전》은 어떤 내용일까?

남원의 기생 월매는 양반인 성 참판과의 사이에서 딸을 하나 낳았어요. 춘향이라 이름을 짓고 애지중지 길렀답니다. 춘향은 어릴 때부터 아름답고, 시와 그림에도 뛰어나 소문이 자자했어요. 춘향의 나이 열여섯에 남원 사또의 아들 이몽룡이 광한루에서 그네를 타는 춘향의 모습을 보고 반해 춘향의 집까지 찾아갑니다. 둘은 부부의 연을 맺었지만, 이몽룡의 아버지가 한양으로 가게 되면서 둘은 이별하고 말아요.

이몽룡은 춘향과 다시 만나기를 약속하지만, 그사이에 변학도가 남원 사또로 부임해요. 변학도는 기생들과 노는 것을 좋아해 아름답다고 소문난 춘향을 부릅니다. 그는 춘향이 기생의 딸이라 기생이라고 생각했어요. 하지만 춘향은 자기는 기생이 아니며, 이미 부부의 연을 맺은 몸이라면서 변학도를 거부하고 옥에 갇히고 말아요.

이몽룡은 열심히 공부한 덕분에 장원 급제해서 암행어사가 됩니다. 그는 거지로 행세하며 변학도의 생일 잔치에 참석해요. 이몽룡은 이 자리에서 백성들을 돌보지 않는 변학도를 꾸짖는 시를 지어요. 그리고 암행어사로서 변학도를 처벌하고 춘향과도 다시 만나 행복하게 살아요.

조선 시대에는 남녀가 자유롭게 사랑하는 일이 쉽지 않았어요. 부모님이 정해준 사람과 결혼해야 했고, 결혼 전에 남녀가 만나는 것도 금지되어 있었지요. 그리고 여자는 죽을 때까지 한 남자만 잘 섬기는 것을 의무라고 여겼어요.

하지만《춘향전》속의 성춘향과 이몽룡은 자기들의 뜻대로 결혼할 상대를 선택하고, 그 사람을 자기 의지로 사랑하는 모습을 보여 주고 있어요. 이런 자유로운 사랑에 많은 사람이 공감했기 때문에《춘향전》은 사람들의 큰 사랑을 받고 있어요.

② 암행어사는 무슨 일을 했을까?

조선 시대에는 암행어사라는 관직이 있었어요. 조선 시대의 임금은 주로 한양에 있었기 때문에 지방에서 실제로 관리들이 백성들을 어떻게 다스리는지 잘 알 수가 없었어요. 그래서 임금의 직속으로 암행어사를 임명해 지방에 보냈어요. 암행어사는 관리들을 감독하고 실제로 백성들이 어떻게 지내는지 알아본 뒤 임금에게 보고했답니다.

암행어사는 신분을 감추는 것이 원칙이었고, 관가의 대청에 올라 공문서와 관가의 창고를 검사할 때 비로소 역졸을 시켜 "암행어사 출두요!"라고 외치고 자신의 신분을 밝혔어요. 암행어사는 지방에 보낸 관리들보다 품계가 높았기 때문에 암행어사가 출두하면 지방관들은 그 앞에서 머리를 조아려야 했어요.《춘향전》에서도 이몽룡이 자기 신분을 밝힌 뒤부터 변사또는 아무런 말도 할 수 없게 되었어요.

고전 필사하기

황금 술잔 속 맛 좋은 술은 천 사람의 피요,

옥돌로 만든 쟁반 위 맛 좋은 안주는 만백성의 기름이라.

황금 술잔 속 맛 좋은 술은 천 사람의 피요,

옥돌로 만든 쟁반 위 맛 좋은 안주는 만백성의 기름이라.

▶▶▶ 조선 시대에 수령의 역할 중 하나는 자기가 맡은 지방의 백성들에게서 법에 정해진 대로 세금을 거두는 것이었어요. 그런데 백성들이 굶거나 말거나 법에 정해진 것보다 더 많은 세금을 거두어 자기 배를 채우는 사람들도 있었지요. 암행어사 이몽룡은 변 사또의 그런 행동을 꼬집어 시를 지었어요.

이해력을 높여 주는 질문

1 이몽룡은 왜 걸인의 모습으로 변 사또의 생일 잔치에 참석했을까요?

----

2 운봉은 이몽룡의 시를 보고 왜 손이 덜덜 떨렸을까요?

생각을 키워 주는 글쓰기

1 부모님이 정한 사람과 결혼해야 한다면 어떻게 해야 할까요?

부모님이 정해 주는 사람이 내 마음에 들면 다행이지만, 그렇지 않을
수도 있어요. 만약 그런 상황이 된다면 어떻게 하는 것이 좋을지 생각
해 보세요.

-----

2 성춘향은 어떤 성격이라고 생각하나요?

춘향은 변 사또의 위협에도 자기 뜻을 굽히지 않았어요. 조선 시대에
여성으로서 그렇게 하는 것이 쉽지 않았다는 점을 생각해 보세요.

허황된
북벌론을
꾸짖다

《허생전》

조선 후기의 실학자로, 청나라의 실용적인 기술과 문화를 소개한 《열하일기》가 유명해요. 조선 사회 전반에 대해 비판하고 개혁할 것을 주장했어요. 《허생전》과 같은 한문 소설을 지었는데, 당시 사회에 대한 비판이 들어 있어요.

고전 읽기

허생은 묵적골에 살았다. 그는 글 읽기만 좋아해, 아내가 남의 바느질품을 팔아 겨우 입에 풀칠했다. 하루는 아내가 배가 몹시 고파 훌쩍훌쩍 울며 말했다.

"당신은 평생 과거도 보지 않으니, 글은 읽어 무엇하시려오?"

허생이 말했다.

"나는 아직 글 읽기에 세련되지 못한가 보오."

"그러면 물건도 만들지 못하시오?"

"애초에 배우지 못했으니 어떻게 할 수 있겠소?"

"그럼 장사라도 해야지요."

"밑천이 없는데 어떻게 할 수 있겠소?"

허생의 아내는 답답했다.

"당신은 밤낮으로 글을 읽었는데, 겨우 '어떻게 할 수 있겠소' 하는 것만 배웠소? 물건도 만들기 싫고 장사도 하기 싫다면 도둑질이라도 해 보시오."

허생은 할 수 없이 책장을 덮고 일어서면서 말했다.

"애석하구나. 내가 글 읽기를 시작할 때 10년을 채우려 했더니. 이제 겨우 7년밖에 되지 않았는데 말이야."

그는 곧장 종로 네거리에 가서 저자 사람들에게 만나는 대로 물었다.

"여보시오, 서울 안에서 누가 제일 부자요?"

사람들이 변 씨를 가르쳐 주었다. 허생은 변 씨를 찾아갔다.

"내가 집이 가난해 무얼 좀 시험해 볼 일이 있어 만금을 빌리러 왔소."

"그러시오."

변 씨는 순순히 대출해 주었다. 허생은 고맙다는 말 한마디 하지 않고 가 버렸다. 가족들이 놀라 왜 그리 큰돈을 빌려주고 이름도 확인하지 않았는지 물었다.

"너희들이 알 바 아니다. 보통 남에게 무엇을 빌리려면 사람들은 반드시 뜻을 과장하고 비굴해지기 마련이다. 얼굴빛은 부끄럽고 비겁하며, 말은 거듭함이 일쑤이니라. 그런데 이 손님은 비록 옷과 신이 떨어졌으나 말이 간단하고 얼굴엔 부끄러운 빛이 없었다. 그것을 보면 그는 물질이 없어도 스스로 만족한 사람임에 틀림없다. 돈을 빌려주지 않는다면 모르지만, 기왕 만금을 줄 것이라면 이름은 물어서 무엇하겠느냐?"

허생은 안성으로 가 대추, 밤, 감, 배, 감자, 석류, 귤 등의 과일을 모두 두 배로 값을 주고 사서 저장했다. 허생이 전국의 과실을 사 버리자 온 나라가 잔치나 제사를 치르지 못하게 되었다. 얼마 지나 허생에게 값을 배로 받은 장사꾼들이 도리어 열 배의 값을 치르고 허생에게 물건을 사 갔다.

'어허, 겨우 만금으로 온 나라의 경제를 기울였으니 이 나라의 얕고 깊음을 짐작할 수 있구나.'

허생은 칼, 호미, 베, 명주, 솜 등을 사서 제주도로 갔다. 그는 제주도에서 말총을 모두 사들였다. 말총은 상투를 트는 데 필요한 망건의 재료였다.

'몇 해만 있으면 온 나라 사람들이 상투를 틀지 못할 게야.'

얼마 되지 않아 망건 가격이 열 배나 올라 허생은 어마어마한 부자가 되었다.

문해력을 높여 주는 어휘

애	초
애	初

➡ 맨 처음

➡ 예 끝까지 할 각오가 없으면 **애초**에 시작하지 마라.

대	출
貸	出

➡ 돈이나 물건 따위를 빌려주거나 빌림

➡ 예 은행에서 **대출**을 받다.

경	제
經	濟

➡ 인간의 생활에 필요한 재화나 용역을 생산, 분배, 소
비하는 모든 활동. 또는 그것을 통하여 이루어지는
사회적 관계

➡ 예 **경제**가 안정되다.

배경지식

1 《허생전》은 어떤 내용일까?

묵적골에 살던 허생은 아내의 등쌀에 못 이겨 한양 제일 부자 변 씨를 찾아가
돈 만 냥을 빌립니다. 그는 과일과 말총을 사재기하여 많은 돈을 벌어들여요.
변 씨는 허생의 재주가 신기해 이완 대장에게 추천합니다. 이완은 나라에서

인재를 구한다고 허생을 찾아왔지요. 허생은 그에게 세 가지 질문을 합니다.

① 뛰어난 인재를 추천할 테니 임금이 직접 삼고초려(초가집에 세 번 직접
   찾아옴)할 수 있는가?
② 임금의 집안 딸들을 명나라 후손에게 시집보내고, 임금의 친척들이
   가진 세력을 빼앗을 수 있는가?
③ 우수한 양반 자제들을 가려 청나라에 보내 청나라에 대해 배우게 하
   여 병자호란의 치욕을 씻을 수 있겠는가?

이완은 이 세 가지 모두 실행하기 어렵다고 합니다. 허생은 화가 나 칼을 찾아
이완을 찌르려고 하고 이완은 달아났지요. 다음 날 허생은 자취를 감추었어요.
《허생전》에서 허생이 사재기로 돈을 버는 앞부분 장면은 당시 조선의 경제
구조가 취약한 것을 풍자했어요. 그리고 조정의 대신을 꾸짖는 뒷부분 장면
은 당시에 임금과 조정이 부르짖던 북벌론을 꾸짖는 거예요.

② 북벌론이란 무엇일까?

조선은 전통적으로 명나라를 섬겼어요. 그런데 명나라가 만주족의 청나라에
게 멸망하고 말았어요. 조선도 병자호란으로 청나라에 항복하게 되었지요.
조선의 사대부들은 마음 속 깊이 청나라를 미워하고 있었어요. 그래서 조선
의 힘을 길러서 청나라를 공격하자는 북벌론이 새롭게 나타났어요.
  하지만 조선이 청을 공격하기에는 어려움이 많았어요. 청나라는 서양 문물

을 적극적으로 받아들여 나날이 강해졌지만, 조선은 유교에서 벗어나지 못해 지나치게 예의와 염치를 따지고, 실용적인 학문을 받아들이지 못했지요.

박지원은 청나라를 둘러보고 충격을 받았답니다. 그들을 단순히 오랑캐라 하고 그들의 문물을 배우지 않으면 뒤처질 것이라고 생각했지요. 박지원은 그들의 문물을 배우려는 노력, 조선의 내부 문제를 해결하려는 노력은 하지 않고 북벌론만 외치는 사대부들을 비판하기 위해 《허생전》을 쓴 거예요.

고전 필사하기

겨우 만금으로 온 나라의 경제를 기울였으니

이 나라의 얕고 깊음을 짐작할 수 있구나.

겨우 만금으로 온 나라의 경제를 기울였으니

이 나라의 얕고 깊음을 짐작할 수 있구나.

▶ ▶ ▶ 허생은 만금으로 과일을 사재기해 큰 이익을 남겼어요. 혼자서 한 행동이 나라 안의 과일 가격을 폭등시켰으니, 그만큼 조선의 경제가 튼튼하지 않다는 것을 한탄하는 말이에요.

1 허생의 아내는 왜 허생에게 도둑질이라도 해 보라고 했을까요?

_____

_____

_____

_____

2 변 씨는 왜 허생의 이름도 묻지 않고 큰돈을 빌려주었을까요?

_____

_____

_____

_____

생각을 키워 주는 글쓰기

1 물건을 사재기하면 왜 가격이 오를까요?

종아하는 과자를 먹고 싶은데 마트나 인터넷에서 구할 수 없을 때 누군가가 그 과자를 비싼 값에 판다면, 어떻게 하면 좋을지 생각해 보세요.

생각을 키워 주는 글쓰기

2 개인이 물건을 사재기하는 문제를 미리 방지하려면 어떻게 하면 좋을까요?

지금도 사재기하는 경우가 종종 있어요. 예를 들어, 감기가 유행할 때 한 사람이 마스크를 잔뜩 사서 비싸게 팔기도 해요. 이렇게 비정상적으로 많은 물건을 사는 사람을 어떻게 하면 좋을지 생각해 보세요.

장난으로라도
불행을
원하지 말 것

《운수 좋은 날》

고전 읽기

새침하게 흐린 품이 눈이 올 듯하더니, 눈은 아니 오고 얼다가 만 비가 추적추적 내렸다. 이날이야말로 동소문 안에서 인력거꾼 노릇을 하는 김 첨지에게는 오래간만에 닥친 운수 좋은 날이었다. 서울 사대문 안에 들어간다는 앞집 마나님을 전찻길까지 모셔 드린 것을 비롯하여 행여나 손님이 있을까 하고 정류장에서 어정어정하며 내리는 사람 하나하나에게 거의 비는 듯한 눈길을 보내고 있다가, 마침내 교원인 듯한 양복쟁이를 동광 학교까지 태워다 주게 되었다.

첫 번에 삼십 전, 둘째 번에 오십 전, 아침 댓바람에 그리 흉하지 않은 일이었다. 그야말로 재수가 옴 붙어서 근 열흘 동안 돈 구경도 못한 김 첨지는 돈을 받았을 때 거의 눈물을 흘릴 만큼 기뻤다. 더구나 이날 팔십 전이라는 돈이 그에게 얼마나 유용한지 몰랐다. 컬컬한 목에 술 한잔도 적실 수 있거니와, 그보다도 앓아누운 아내에게 설렁탕 한 그릇도 사다 줄 수 있음이다.

그의 아내가 기침으로 쿨룩거린 지 벌써 달포가 넘었다. 조밥도 굶기를 먹다시피 하는 형편이니 물론 약 한 첩 써 본 일이 없다. 구태여 쓰려면 못 쓸 바도 아니로되, 그는 병이란 놈에게 약을 주어 보내면 재미를 붙여서 자꾸 온다는 자기의 신조에 어디까지 충실하였다. 따라서 의사에게 보인 적이 없으니 무슨 병인지는 알 수 없으나, 반듯이 누워 일어나기는커녕 세로로도 모로도 못 눕는 걸 보면 중증은 중증인 듯했다.

이 환자가 그러고도 먹는 데는 물리지 않았다. 사흘 전부터 설렁탕 국물이 마시고 싶다고 남편을 졸랐다. 인제 설렁탕을 사 줄 수도 있다. 앓는 어미 곁에서 배고파 보채는 개똥이에게 죽을 사 줄 수도 있다. 팔십 전을 손에 쥔 김 첨지의 마음은 넉넉하였다.

이상하게도 꼬리를 맞물고 덤비는 이 행운 앞에 조금 겁이 났다. 집을 나올 때 아내의 부탁이 마음에 켕겼다. 아내는 뼈만 남은 얼굴에 샘물 같은 유달리 크고 움푹한 눈에다 애걸하는 빛을 띠며 말했다.

"오늘은 나가지 마요. 제발 집에 붙어 있어요. 내가 이렇게 아픈데……."

모깃소리같이 중얼거리며 숨을 걸그렁걸그렁하였다.

김 첨지는 집에 오는 길에 친구와 술을 마셨다. 그는 취중에도 설렁탕을 사 가지고 집에 다다랐다. 쿨룩거리는 기침 소리를 들을 수 없다. 그르렁거리는 숨소리조차 들을 수 없다. 다만 이 무덤 같은 침묵을 깨뜨리는, 깨뜨린다기보다 한층 더 침묵을 깊게 하고 불길하게 하는 빡빡 하는 그윽한 소리, 어린애의 젖 빠는 소리가 날 뿐이다. 만일 청각이 예민한 이 같으면, 그 빡빡 소리는 빨 따름이요, 꿀떡꿀떡하고 젖 넘어가는 소리가 없으니, 빈 젖을 빤다는 것을 짐작할는지 모르리라.

김 첨지는 방 안에 들어서며 설렁탕을 한구석에 놓을 사이도 없이 목청을 있는 대로 다 내어 호통을 쳤다. 그리고 발길로 누운 이의 다리를 몹시 찼다. 그러나 발길에 차이는 건 사람의 살이 아니고 나뭇등걸과 같은 느낌이 있었다.

"으응, 이것 봐, 아무 말이 없네. 죽었단 말이냐, 왜 말이 없어?"

김 첨지는 목이 메었다. 산 사람의 눈에서 떨어진 닭똥 같은 눈물이 죽은 이의 뻣뻣한 얼굴을 적셨다. 문득 김 첨지는 미친 듯이 제 얼굴을 죽은 이의 얼굴에 한데 비벼 대며 중얼거렸다.

"설렁탕을 사다 놓았는데 왜 먹지를 못하니, 왜 먹지를 못하니…… 괴상하게도 오늘은 운수가 좋더니만……."

문해력을 높여 주는 어휘

달	포
달	포

➡ 한 달이 조금 넘는 기간

➡ 예 **달포** 전에 보았을 때보다 아들의 얼굴이 상해 있었다.

댓	바	람
댓	바	람

➡ 일이나 때를 당하여 서슴지 않고 당장

➡ 예 만나기만 하면 **댓바람**에 멱살을 잡고 혼을 내 줄 것이다.

나	뭇	등	걸
나	뭇	등	걸

➡ 나무를 베어 내고 남은 밑동

➡ 예 **나뭇등걸**에 걸려 넘어질 뻔했다.

배경지식

1 소설 속 복선?

작가들은 종종 소설에 '복선'을 깔아 놓아요. '복선'이란 소설이나 희곡 따위에서, 앞으로 일어날 사건을 미리 독자에게 암시하는 것이에요. 독자들이 소설을 읽어 가면서 '어쩐지 결말이 이렇게 될 것 같다'라는 생각을 하게 하는 것이지요.

《운수 좋은 날》에서는 김 첨지의 아내가 곧 죽을 운명임을 암시하는 복선이 많이 나와요. 얼다가 만 비가 추적추적 내린다는 배경을 생각해 보세요. 행복한 느낌은 아니지요? 춥고, 축축하고, 어두운 느낌이에요. 차가운 비, 황혼과 같은 배경은 불행한 결과를 넌지시 미리 알려 줍니다.

김 첨지의 아내가 오늘은 나가지 말고 제발 집에 붙어 있으라고 말한 것도 복선이라고 할 수 있어요. 김 첨지는 운 좋게 계속 손님을 받아 돈을 벌면서도 아내의 그 말이 생각나 불안함을 느껴요. 그 불안함을 떨쳐 버리려고 그날 번 돈으로 술을 사 마시기도 하지요.

본문에서 소개는 못 했지만, 김 첨지가 친구와 술을 마실 때 장난으로 아내가 죽었다고 말합니다. 친구가 속아 넘어가자 김 첨지는 손뼉을 치며 웃어요. 하지만 그 말을 들은 친구가 불안함을 느끼고 김 첨지도 아내가 살아 있음을 믿으려고 애를 씁니다. 이렇게 《운수 좋은 날》에는 곳곳에 비극적인 결말을 암시하는 장치가 많이 나온답니다.

② 반어법이란 무엇일까?

김 첨지에게 비가 오는 이날은 '운수 좋은 날'이에요. 한동안 돈을 벌지 못하다가 이날은 손님들이 끊이지 않지요. 이제 그 돈으로 사랑하는 아내에게 설렁탕도 사 줄 수 있고, 아이에게 죽도 사 줄 수 있어요. 가족에게 좋은 것을 해 줄 수 있다는 사실만큼 기쁜 일이 있을까요? 하지만 가장 '운수 좋지 않은 날'이기도 해요. 소중한 아내가 세상을 떠난 날이니 말이에요.

이렇게 극적인 표현을 위해 실제와 반대되는 말을 하는 방법을 반어법이라고 해요. 얼굴이 못생기거나 못난 행동을 하는 사람을 보고 '잘났어 정말~' 이라고 말한다면 그 사람을 정말로 잘났다고 생각하는 것이 아니라, 못났다는 것을 강조하는 것입니다. 이 소설의 제목도 반어법을 사용했어요.

고전 필사하기

설렁탕을 사다 놓았는데 왜 먹지를 못하니, 왜 먹지를 못하니……

괴상하게도 오늘은 운수가 좋더니만…….

설렁탕을 사다 놓았는데 왜 먹지를 못하니, 왜 먹지를 못하니……

괴상하게도 오늘은 운수가 좋더니만…….

▶▶▶《운수 좋은 날》에 나오는 김 첨지는 아내를 다정하게 대하지 않아요. 하지만 마음속으로 아내를 사랑했습니다. 아내가 먹고 싶다던 설렁탕을 사 왔지만, 아내가 먹을 수 없는 상태인 것을 확인하고 슬퍼하는 심정을 느낄 수 있는 말이에요.

이해력을 높여 주는 질문

1 아내가 나가지 말라고 했는데도 김 첨지가 일하러 나온 이유는 무엇일까요?

---

2 꼬리를 물고 일어나는 행운에 김 첨지가 덜컥 겁이 난 이유는 무엇일까요?

생각을 키워 주는 글쓰기

1 내가 김 첨지라면 아픈 가족이 일을 나가지 말고 옆에 있어 달라고 할 때 어떻게 할까요? 그렇게 하는 이유는 무엇인가요?

돈을 버는 것과 가족과 함께 시간을 보내는 것 중에 하나를 선택해야 한다면 나는 어떤 쪽을 선택할지 생각해 보세요.

114

생각을 키워 주는 글쓰기

2 왜 작가는 이 소설의 제목을 《운수 좋은 날》이라고 지었을까요? 제목의 뜻은 무엇일까요?

김 첨지의 하루가 정말로 운수 좋은 날이었는지를 생각해 보세요.

만날
인연은
만난다

《메밀꽃 필 무렵》

저자 소개 이효석(1907 ~ 1942)

일제 강점기에 강원도 평창에서 태어났어요. 주로 단편 소설을 썼던 작가로, 고향에 대한 그리움과 순수한 아름다움을 작품에 담았어요. "시적인 정서로 소설의 예술성을 높였다"라는 평가를 받기도 한답니다.

고전 읽기

허 생원에게 나귀는 반평생을 같이 지내 온 짐승이었다. 같은 주막에서 잠자고 같은 달빛에 젖으면서 장에서 장으로 걸어 다니는 동안에 20년의 세월이 사람과 짐승을 함께 늙게 하였다.

목뒤의 잔털은 주인의 머리털과도 같이 바스러지고, 개진개진 젖은 눈은 주인의 눈과 같이 눈곱을 흘렸다. 몽당비처럼 짧아진 꼬리는 파리를 쫓으려고 기껏 휘저어 보아야 벌써 다리까지는 닿지 않았다. 닳아 없어진 굽을 몇 번이나 도려내고 새 철을 신겼는지 모른다. 굽은 벌써 더 자라나기는 틀렸고, 닳아 버린 철 사이로는 피가 빼짓이 흘렀다.

나귀는 냄새만 맡고도 주인을 분간하고 야단을 부린다. 호소하는 목소리로 울며 반긴다.

　어린아이를 달래듯이 목덜미를 어루만져 주니 나귀는 코를 벌름거리고 입을 투르러거렸다. 콧물이 튀었다. 허 생원은 짐승 때문에 속도 무던히도 썩였다. 아이들의 장난이 심한 눈치여서 땀이 배인 몸뚱어리가 부들부들 떨리고 좀체 흥분이 식지 않는 모양이었다. 굴레가 벗어지고 안장도 떨어졌다. 요 몹쓸 자식들 하고 허 생원은 호령하였으나 아이들은 벌써 줄행랑을 논 뒤요 몇 남지 않은 아이들이 호령에 놀라 비슬비슬 멀어졌다.

　길은 지금 긴 산허리에 걸려 있다. 밤중을 지난 무렵인지 죽은 듯이 고요한 속에서 짐승 같은 달의 숨소리가 손에 잡힐 듯이 들리며 콩 포기와 옥수수 잎새가 한층 달에 푸르게 젖었다. 산허리는 온통 메밀밭이어서 피기 시작한 꽃이 소금을 뿌린 듯이 흐뭇한 달빛에 숨이 막힐 지경이다.

　길이 좁은 까닭에 허 생원과 조 선달, 그리고 동이는 나귀를 타고 외줄로 늘어섰다. 나귀에 달린 방울 소리가 시원스럽게 딸랑딸랑 메밀밭께로 흘러간다. 앞장선 허 생원의 이야기 소리는 꽁무니에 선 동이에게는 잘 안 들렸으나, 그는 그대로 개운한 제 멋에 적적하지는 않았다.

　허 생원은 얼굴이 얽고 왼손잡이라 여자와는 인연이 없었다. 하지만 젊은 시절 성 서방네 처녀와 물레방앗간에서 만난 이야기를 풀어

놓았다.

"장 선 꼭 이런 날 밤이었네. 객줏집 토방이란 무더워서 잠이 들어야지. 밤중은 돼서 혼자 일어나 개울가에 목욕하러 나갔지. 봉평은 지금이나 그제나 마찬가지나 보이는 곳마다 메밀밭이어서 개울가가 어디 없이 하얀 꽃이야. 돌밭에 벗어도 좋을 것을 달이 너무나 밝은 까닭에 옷을 벗으러 물방앗간으로 들어가지 않았겠나. 이상한 일도 많지. 거기서 난데없는 성 서방네 처녀와 마주쳤단 말이네. 봉평서야 제일가는 일색이었지……. 생각하면 무섭고도 기막힌 밤이었어."

동이는 말했다.

"부끄러워서 말하지 않으려 했으나 아버지가 없다는 말은 정말이에요. 제천 촌에서 달도 차지 않은 아이를 낳고 어머니는 집에서 쫓겨났죠. 우스운 이야기나, 그러기 때문에 지금까지 아버지 얼굴도 본 적 없고 있는 고장도 모르고 지내요."

나귀가 걷기 시작하였을 때, 동이의 채찍은 왼손에 있었다. 오랫동안 눈이 어둡던 허 생원도 이번만은 동이의 왼손잡이가 눈에 뜨이지 않을 수 없었다.

문해력을 높여 주는 어휘

호	령
號	令

➡ 부하나 동물 따위를 지휘하여 명령함. 또는 그 명령

➡ **예** 사또의 **호령**이 떨어지자 나졸들이 죄인을 끌고 나갔다.

야	단
惹	端

➡ 매우 떠들썩하게 일을 벌이거나 부산하게 법석거림. 또는 그런 짓.

➡ **예** 아이들도 기분이 좋은지 땅바닥을 쿵쾅쿵쾅 굴리고 뛰며 **야단**들이다.

줄	행	랑
줄	行	廊

➡ '도망'을 속되게 이르는 말

➡ **예** 그는 눈치를 채고 **줄행랑**쳤다.

배경지식

① 《메밀꽃 필 무렵》은 어떤 내용일까?

《메밀꽃 필 무렵》에 등장하는 주요 인물은 주인공인 장돌뱅이 허 생원, 허 생원의 친구 조 선달, 그들과 함께 다니는 젊은 장돌뱅이 동이에요. 허 생원은 얼굴에 곰보 자국이 있었어요. 옛날에는 왼손잡이를 정상적이지 않다고 생각했는데, 허 생원은 왼손잡이였어요. 겉모습도 멋지지 않고 비정상적이라고 생각했으니, 여자들이 좋아할 리가 없었지요. 하지만 그에게도 인연을 맺은 여자가 있었어요. 젊을 때 봉평 물레방앗간에서 만난 처녀였지요. 허 생원은 그녀가 제천으로 갔다는 소식만 듣고 만나지 못했지요.

허 생원은 나귀 한 마리를 벗 삼아 여러 장을 돌면서 장사를 했어요. 어느 여름에 장사를 마친 허 생원은 주막에서 술을 마셨어요. 그러다 함께 다니는 동이가 주막에서 주인과 쓸데없이 농담하는 것을 보고, 화가 나서 때리고 말아요. 하지만 동이는 허 생원을 크게 원망하지 않아요. 동이는 허 생원의 나귀가 흥분해서 줄을 끊으려고 하는 것을 허 생원에게 알려 주기도 한답니다.

허 생원과 조 선달, 동이는 그날 밤에 다음 장터로 향해요. 좁은 길에서 허 생원은 조 선달에게 인연 맺었던 여인의 이야기를 해 주는데, 거리를 두고 뒤따라오던 동이는 듣지 못해요. 길이 넓어진 뒤에 동이는 어머니 이야기를 해요. 봉평이 고향인 어머니는 제천으로 와서 동이를 낳았어요. 동이는 술주정뱅이 새아버지와 행복하지 않았고, 집을 나와 장돌뱅이 일을 했어요.

허 생원은 강을 건너다 물에 빠져요. 동이가 그를 건져 업고 물을 건너요. 허 생원은 동이가 왼손잡이인 것을 보고 자기와 닮았다는 것을 알게 됩니다.

❷ 허 생원의 직업인 장돌뱅이는 무슨 일을 하는 사람일까?

지금은 대형마트나 시장이 곳곳에 있지만, 예전에는 물건을 사려면 시장에 가야 했어요. 시장이 항상 열리지는 않았답니다. 보통 5일마다 한 번씩 장이 서곤 했지요. 이 지역과 저 지역의 시장을 옮겨 다니면서 물건을 파는 사람을

'장돌림'이라고 했어요. 장돌뱅이는 장돌림을 낮잡아 부르는 말이에요.

　다른 말로는 보부상이라고도 해요. 보부상은 보상과 부상을 합친 말이에요. 보상은 물건을 보자기에 싸서 다니는 봇짐장수를, 부상은 물건을 등에 지고 다니며 파는 등짐장수를 말해요.

고전 필사하기

> 산허리는 온통 메밀밭이어서 피기 시작한 꽃이 소금을 뿌린 듯이
>
> 흐뭇한 달빛에 숨이 막힐 지경이다.

> 산허리는 온통 메밀밭이어서 피기 시작한 꽃이 소금을 뿌린 듯이
>
> 흐뭇한 달빛에 숨이 막힐 지경이다.

▶▶▶ 하얀색 메밀꽃 무리가 달빛 아래에서 은은하게 빛나는 모습을 상상할 수 있는 멋진 표현이에요. 하얀 메밀꽃을 보고 소금을 뿌려 놓은 것 같다고 표현한 것도 인상적이에요.

이해력을 높여 주는 질문

1 본문에서 나귀가 나이 들었음을 알 수 있는 표현으로는 어떤 것이 있나요?

----

2 허 생원과 동이는 어떤 관계일까요? 왜 그렇게 생각하나요?

생각을 키워 주는 글쓰기

1 본문에서 가장 마음에 남는 작가의 표현은 무엇인가요? 왜 그렇게 느꼈나요?

작가가 어떤 장면을 묘사할 때, 마치 눈앞에 그려지는 듯한 부분이 있다면 찾아보세요.

생각을 키워 주는 글쓰기

2 눈에 보이듯이 글을 잘 쓰려면 어떻게 하면 좋을까요? 그렇게 생각하는 이유는 무엇인가요?

여행을 가거나 생활 속에서 마음에 남는 장면이 있었다면 떠올려 보세요. 그 장면을 글로 한번 써 보면서 어떻게 하면 더 잘 쓸 수 있을지 방법을 생각해 보세요.

인간의
본성은
선하다

《맹자》

중국 전국 시대의 사상가예요. 맹자는 공자의 사상을 잇고 발전시켜, 사람의 본성은 원래 착하지만 나쁜 환경이나 욕심 때문에 악해진다는 '성선설'을 주장했어요.

고전 읽기

모든 사람에게는 '남의 고통을 차마 지나치지 못하는 마음(불인인지심, 不忍人之心)'이 있다. 그 마음으로 다스림을 펼치는 게 마땅하다. 그렇게 한다면 세상을 다스리는 일은 손바닥 위에서 움직일 수 있는 것이다. 사람들에게 모두 다른 사람의 고통을 차마 지나치지 못하는 마음이 있다고 말하는 이유는 다음과 같다.

만약 어린아이가 갑자기 우물에 들어간다고 생각해 보자. 그 장면을 보면 사람들은 모두 깜짝 놀라고 아이를 불쌍하게 여기는 마음(측은지심)을 갖는다. 그 이유는 어린아이의 부모에게 잘 보여서 친하게 지내려고 함이 아니다. 혹은 마을 사람들과 친구들에게 훌륭하다고 인정받으려고 함이 아니다. 혹은 그런 마음을 가지지 않았을 때 사람들이 비난하는 소리를 듣기 싫어서도 아니다.

이런 사실을 바탕으로 살펴본다면, 불쌍하게 여기는 마음이 없다면 사람이 아니다. 부끄러워하고 옳지 않은 것을 미워하는 마음이 없으면 사람이 아니다. 겸손하게 남에게 양보하는 마음이 없으면 사람이 아니다. 시비를 가리려는 마음이 없다면 사람이 아니다.

누군가를 불쌍하게 여기는 마음은 어짊의 시작이고, 부끄러워하고 옳지 않은 것을 미워하는 마음은 의로움의 시작이고, 양보하는 마음은 예의 시작이고, 시비를 가리려는 마음은 앎의 시작이다.

사람이 이 네 가지 마음을 가진 것은 자기 몸에 팔다리를 가진 것과 같다. 네 가지 마음을 가졌으면서도 다스림을 펼칠 수 없다고 하는 사람은 자신을 해치는 사람이다. 네 가지 마음이 있다면 큰 나라도 보호할 수 있다. 네 가지 마음이 없다면 부모도 잘 섬길 수 없다.

화살을 만드는 사람이 갑옷을 만드는 사람보다 어질지 않다고 할 수는 없을 것이다. 하지만 화살을 만드는 사람은 자기가 만드는 화살로 사람을 다치게 하지 못할까 두려워한다. 그가 하는 일은 사람을 해치려는 일이다. 갑옷을 만드는 사람은 자기가 만드는 갑옷으로 사람을 보호하지 못할까 두려워한다. 그가 하는 일은 사람을 보호하려는 일이다. 그러므로 자기 일을 선택하는 것을 신중하게 생각해야만 한다.

무릇 인(仁)이란 하늘의 높은 벼슬이고 사람의 편안한 집이지만, 이를 막는 사람이 없는데도 어질지 못하다면 이는 지혜롭지 못한 것이다. 어질지 못하여 지혜롭지 못하고, 예가 없어 의가 없다면, 남들이 시키는 대로 한다. 남들이 시키는 대로 하면서 그것을 부끄러워하는 것은, 마치 활을 만드는 사람이 활을 만드는 것을 부끄러워하고, 화살을 만드는 사람이 화살을 만드는 것을 부끄러워하는 것과 같다.

문해력을 높여 주는 어휘

시	비
是	非

➡ 옳음과 그름
➡ **예** **시비**를 따지다.

겸	손
謙	遜

➡ 남을 존중하고 자기를 내세우지 않는 태도가 있음
➡ **예** **겸손**은 예부터 우리의 자랑스러운 미덕이었다.

측	은	지	심
惻	隱	之	心

➡ 불쌍히 여기는 마음을 이른다. 인의예지(仁義禮智) 가운데 인에서 우러나온다.
➡ **예** 누구나 불쌍한 사람을 보면 **측은지심**이 우러난다.

① 맹자가 살던 전국 시대는 어떤 시대였을까?

중국은 고대 하나라, 상나라(은나라), 주나라 이후 진나라에 의해 통일되기까지 혼란한 시간이 오랫동안 계속되었어요. 천자를 중심으로 서로 힘을 합치지 않고 제후들이 힘을 키워 서로 싸웠답니다. 이 시기를 춘추 전국 시대라고 해요.

춘추 전국 시대는 춘추 시대와 전국 시대로 나뉘어요. 춘추 시대는 기원전 770년부터 기원전 403년까지 약 360년간이고, 전국 시대는 기원전 403년부터 진나라가 중국을 통일한 기원전 221년까지 약 200년간의 시대예요. 춘추 시대에도 사회는 혼란스러웠지만, 전국 시대가 되면서 더 많은 나라가 서로 힘겨루기를 했어요. 서로 간의 전쟁도 더욱 치열해졌어요. 이 시기에 '전국 칠웅'이라는 일곱 개의 제후국을 중심으로 전쟁이 자주 일어났답니다. 힘없는 백성들은 어쩔 수 없이 전쟁에 휘말려 목숨을 잃어야 했지요.

이렇게 혼란한 시기에 사람들은 어떤 정치가 좋은 것인지, 사람은 어떻게 살아야 할지 등을 고민했지요. 이런 배경에서 많은 학문이 발전했어요. 공자, 노자, 장자, 묵자 같은 큰 스승들도 나타났지요. 이들을 '제자백가'라고 한답니다.

맹자는 공자를 스승으로 삼아 공자의 사상을 더욱 발전시켰어요. 이 시기에 여러 제후국의 왕은 군사를 늘리고, 돈을 많이 벌어 중국을 지배하려고 했어요. 왕들은 좋은 나라를 만드는 것보다 나라의 힘을 키우는 것에 더 관심이 있었지요. 맹자는 그런 왕들이 어짊과 의로움을 바탕으로 좋은 정치를 할 수 있도록 가르침을 펼쳤답니다.

② 성선설과 성악설

맹자는 사람들이 원래 착한 본성을 타고난다고 했어요. 하지만 아무리 착한 사람이라도 주변 사람들이 나쁜 말과 행동을 하면 그것에 물들기 마련이에요. 맹자는 사람들이 악해지는 것은 원래 악하기 때문이 아니라, 타고난 본성이 욕심에 가려져 악해진다고 했어요. 그리고 무엇보다 주변의 나쁜 환경에 물들기 때문에 악해진다고 보았어요.

맹자의 어머니는 맹자가 어릴 때 주변 환경에 영향을 받는 것을 걱정했어요. 그래서 세 번이나 이사를 다녔지요. 처음에 묘지 근처에서 살았더니, 맹자가 춤추며 뛰어다니며 무언가를 땅에 묻고 다지는 모습을 따라 했어요. 시장 근처로 이사하니, 아들이 장사꾼의 물건 파는 모습을 그대로 따라 하기 시작했지요. 학교 근처로 이사를 간 뒤에야 맹자는 예를 알게 되었다고 해요.

이와 반대로 순자는 사람들의 본성이 원래 악하다고 주장했어요. 순자는 사람이 누구나 이기적인 욕심 때문에 남을 잘되게 하는 것보다 자기 이익을 먼저 얻으려고 한다고 보았어요. 각자 자기 나라의 이익을 위해 시도 때도 없이 전쟁이 벌어지던 당시에는 순자의 말처럼 사람의 원래 성품이 악해 보였을 것 같아요.

고전 필사하기

모든 사람에게는 '남의 고통을 차마 지나치지 못하는 마음'이 있다

모든 사람에게는 '남의 고통을 차마 지나치지 못하는 마음'이 있다

▶▶▶ 맹자는 사람이 남의 고통을 차마 지나치지 못하는 그 마음이 바로 인간의 착한 본성이라고 생각했어요. 우물에 들어가려는 어린 아이를 그대로 두지 못하는 마음, 몸이 불편한 사람을 보면 내가 힘들더라도 앉을 자리를 양보하려는 그런 마음이 바로 인간의 착한 본성입니다.

이해력을 높여 주는 질문

1 맹자는 무엇을 근거로 사람의 본성이 착하다고 했을까요?

----

2 직업을 선택할 때 어떤 점을 꼭 생각해 보아야 할까요?

생각을 키워 주는 글쓰기

1 모든 사람의 본래 성품이 선하다는 맹자의 주장에 대해 찬성하나요, 반대하나요? 왜 그렇게 생각하나요?

맹자의 주장대로라면 사람은 모두 선한데, 왜 많은 범죄가 일어날까요? 그렇다면 사람의 본성은 악한 것일까요? 만약 사람의 본성이 악하다고 주장한다면 논리적으로 어떤 약점이 있을까요? 생각해 보세요.

생각을 키워 주는 글쓰기

2 맹자의 말처럼 모든 사람이 원래 착하다면 왜 서로 경쟁하고
전쟁까지 하는 것일까요?

만약 사람들이 원래 모두 착하게 태어났다면, 살아가면서 악한 것을
학습하는 것이 됩니다. 왜 그렇게 되는지 생각해 보세요.

모든
것에서
벗어나
자유로워져라

《장자》_ 내편

저자 소개 장자(기원전 369? ~ 기원전 286)

중국 전국 시대의 사상가예요. 이름은 주(周). 노자와 더불어 도가 사상의 핵심 사상가로, 유교의 인위적인 가르침을 부정하고 자연으로 돌아가자는 자연 철학을 주장했답니다.

고전 읽기

북쪽 바다에 커다란 물고기가 있는데 그 이름이 '곤'이다. '곤'은 그 크기가 몇천 리인지 알 수 없다. 이것이 변하여 커다란 새가 되는데 그 이름을 '붕'이라고 한다. '붕'의 등 넓이도 몇천 리인지 알 수 없다. '붕'이 한 번 날면 그 날개가 하늘에 구름을 드리운 것 같다.

《제해》는 괴이한 일을 기록한 책인데, 그 책에 이런 말이 나온다.

"'붕'이 남쪽의 큰 바다로 옮겨 갈 때면 물결이 삼천리 일어나며, 아래에서 위로 휘몰아치는 거센 폭풍우를 타고 구만리를 날아오른 다음, 여섯 달이나 지나야 쉰다."

하늘은 진정으로 푸르디푸른데, 그것이 과연 하늘의 본성인가? 그렇지 않으면 하늘이 한없이 높고도 멀어 끝 간 데 없기 때문인가?

'붕'이 아래를 내려다봐도 역시 그와 같을 따름이다.

매미와 참새가 '붕'을 비웃으며 말했다.

"내가 결심하고 한 번 날면 느릅나무와 빗살나무까지 갈 수 있어. 어쩌다가 가끔 나무까지 못 날아가고 땅에 곤두박질할 때가 있긴 하지. 그런데 '붕'은 무엇 때문에 구만리 창공을 날아 남쪽으로 가는 거지?"

농사일을 하러 들판에 나가는 사람은 두 끼니만 준비하면 돌아올 때까지 배가 부를 것이다. 그러나 백 리를 가는 사람은 하루를 묵고 올 만큼 많은 양식을 준비해야 하고, 천 리를 가는 사람은 석 달 동안 먹을 양식을 준비해야 한다.

매미와 참새가 무엇을 알겠는가. 작은 지혜는 큰 지혜에 미치지 못하고, 어린아이의 지혜는 어른의 지혜에 미치지 못한다. 아침에 돋아나는 버섯은 그믐과 초하루를 모르고 매미는 봄과 가을을 모른다. 이것들은 사는 기간이 짧기 때문이다.

문해력을 높여 주는 어휘

창	공
蒼	空

➡ 맑고 푸른 하늘

➡ 예 새 한 마리가 **창공**을 누빈다.

결	심
決	心

➡ 할 일에 대하여 어떻게 하기로 마음을 굳게 정함. 또는 그런 마음

➡ 예 오늘은 꼭 들을 **결심**으로 왔다.

지	혜
智	慧

➡ 사물의 이치를 빨리 깨닫고 사물을 정확하게 처리하는 정신적 능력

➡ 예 문화 유적에는 조상의 정신과 **지혜**가 담겨 있다.

배경지식

① 《장자》는 어떤 책일까?

《장자》는 전국 시대 장주라는 사상가가 지었다고 알려져 있어요. 장주를 위대한 스승이라는 의미로 높여 부르는 이름이 '장자'랍니다. 《장자》는 내편 7편, 외편 15편, 잡편 11편으로, 총 33편으로 이루어져 있어요. 학자들은 내편 7편의 내용이 비교적 주제가 명확하고 통일성이 있어서 장주가 직접 지

은 것이라 보고 있어요. 하지만 외편과 잡편에도 재미있는 일화가 많이 있습니다.

《장자》는 수많은 이야기로 구성되어 있어요. 그 이야기들 속에서 찾아볼 수 있는 중심 내용은 여러 가지가 있지만, 그중에서 세 가지는 꼭 알아 두면 좋겠어요.

첫 번째로, 절대로 옳은 것은 없어요. 내가 빵을 좋아한다고 해서 집에 초대한 친구에게 빵을 주면 어떻게 될까요? 친구가 만약 빵을 좋아한다면 다행이지만, 그렇지 않다면 친구는 그리 좋아하지 않을 거예요. 내 처지에서만 생각하지 말고, 다른 사람의 위치에서도 생각할 수 있어야 한다는 것이지요. 장자는 심지어 사람이 아닌 동물이나 사물의 입장에서도 생각해 볼 것을 주장해요.

두 번째로, 눈앞의 이익이나 기존의 생각에 얽매이지 말고 자유로워져야 해요. 우리가 좋다고 알고 있는 것에 대해 정말로 그런 건지 의심해 보아야 한다는 것이지요. 남들이 다 좋다고 하는 것이 정말 좋은 것인지, 남들이 좋지 않다고 하는 것이 정말 좋지 않은 것인지, 내가 스스로 따져 보고 결정하는 것이 중요해요.

세 번째로, 시야를 넓혀서 다르게 보려는 노력이 필요해요. 매미나 참새는 구만리를 날아오르는 '붕'의 뜻을 이해하지 못해요. 위대한 사람들의 공통점은 먹고사는 문제에만 골몰하지 않고 더 큰 그림을 보기 위해 노력했다는 점이랍니다.

② 장자는 왜 모든 것에서 벗어나 자유로워야 한다고 했을까?

장자가 살던 시대에는 전쟁이 끊이지 않았어요. 전쟁이 일어나면 백성들은 살아가기가 참 괴로웠답니다. 힘을 가진 사람들은 나름의 명분을 앞세워 자기 나라에서 권력을 잡으려고 했어요. 그리고 이웃 나라가 힘이 약하면 쳐들어가서 이익을 얻으려 했지요. 백성들은 자기 뜻과는 상관없이 그런 전쟁에 끌려갔어요. 농사를 지어야 하는 때에도 농사를 짓지 못해 가족들은 굶주려야 했고, 늙은 어머니를 모실 사람이 없는데도 언제 죽을지 모르는 전쟁터로 향해야 했지요.

장자가 보기에 힘을 가진 사람들이 주장하는 윤리나 제도와 같은 것은 믿을 수 없는 것이었어요. 전에 힘이 센 사람들이 주장하던 좋은 것들이 나중에 더 힘센 사람이 그들을 몰아내면, 나쁜 것이 되었어요. 장자는 힘을 가진 사람들이 주장하는 것은 백성들을 자기 마음대로 다스리기 위한 수단에 불과하다고 생각했어요.

장자는 사람들이 좁은 시야로 힘 있는 사람들의 말을 비판하지 않고 그대로 믿으면 자기의 삶을 살 수 없다고 생각했어요. 아무 생각 없이 남이 옳은 것이라고 정해 주는 것만 따르는 삶을 사는 것은 노예와 같다고 보았지요. 장자의 말에 따르면 사람들이 만들어 낸 생각에 갇히지 말고, 자연으로 돌아가 모든 현상을 있는 그대로 받아들이는 데에 참된 자유가 있어요.

작은 지혜는 큰 지혜에 미치지 못하고

어린아이의 지혜는 어른의 지혜에 미치지 못한다.

작은 지혜는 큰 지혜에 미치지 못하고

어린아이의 지혜는 어른의 지혜에 미치지 못한다.

▶▶▶ 하루살이를 생각해 보세요. 하루살이에게 일생은 인간에게는 단 하루에 지나지 않는 짧은 시간이에요. 큰 지혜를 가진 어른이 자기가 가진 작은 지혜가 전부라고 생각하고 사는 어린아이를 본다면 어떻게 생각할까요?

이해력을 높여 주는 질문

1 매미와 참새는 왜 '붕'을 비웃었을까요?

----

2 '붕'은 매미와 참새에 대해 어떻게 생각할까요?

생각을 키워 주는 글쓰기

1 커다란 '붕'이 혼자 힘으로 날지 못하고 폭풍을 타고 올라간다는 것은 어떤 의미일까요?

강한 바람을 맞으면서 하늘로 솟구치는 연을 떠올려 보세요.

② 만약 사람의 수명이 늘어나서 오래 살 수 있고, 더 많은 정보와 지식을 얻을 수 있다면 지혜로워질 수 있을까요? 왜 그렇게 생각하나요?

오래 산다고 하더라도 '어떤 경험을 하는지', '경험을 바탕으로 어떻게 인격을 성숙시켜 나갈 수 있는지', '모든 사람이 같을지' 생각해 보세요.

관점을
바꾸면
더 넓은 세상을
볼 수 있다

《장자》_ 외편

고전 읽기

우물 안 개구리 이야기

우물 안 개구리가 동해의 자라에게 이렇게 말했다.

"이보게 자라, 나는 아주 즐겁다네! 한 번 뛰어올랐다 하면 우물 난간에 오르기도 하고 우물 벽돌이 빠진 구멍에 들어가 쉬기도 한다네. 내가 물에 뛰어들면 겨드랑이를 붙이고 턱을 들 수도 있지. 진흙에 엎어지면 발이 빠지고 발등이 진흙 속에 묻히기도 하지만, 장구벌레나 게, 올챙이와 비교해 봐도 내 능력을 따라올 자가 없다네. 또한 한 구덩이의 물을 내 맘대로 하고 우물의 즐거움을 독차지한다네. 자네는 어찌 때때로 찾아와 우물을 보지 않는가?"

동쪽 바다에서 온 자라는 우물 안 개구리에게 바다 이야기를 해 주었다.

"바다는 천 리보다 멀어 그 크기를 잴 수 없고 천 길 그 깊이를 다 다를 수 없다네! 우임금 때 아홉 번 홍수에도 물이 불어나지 않았고, 탕임금 때 8년 가뭄에도 물기슭이 줄어들지 않았지. 시간이 길고 짧음에 따라 변하지 않고 양이 많고 적음에 따라 나아가거나 물러나지 않는 것이 역시 동쪽 바다에서 누릴 수 있는 큰 즐거움이라네."

우물 안 개구리는 이 말을 듣더니 안절부절못하고 놀라 정신을 잃었다.

노나라 임금과 바닷새

옛날에 바닷새가 노나라 임금이 제사를 지내는 곳에 날아들어 왔다. 임금은 그 새를 맞아들여 잔치하고 술을 주었다. 음악 연주로 새를 즐겁게 해 주었고, 소나 염소, 돼지를 잡아 맛있는 음식을 대접했다. 바닷새는 눈이 어질어질하고 정신이 없었다. 새는 근심과 슬픔에 젖어 고기 한 조각도 먹지 않고 물 한 모금도 마시지 않다가 사흘 만에 죽어 버렸다.

새를 기르려면 깊은 숲속에서 호숫가를 노닐게 하고, 강과 호수에 떠다니게 해야 한다. 새에게는 미꾸라지와 피라미를 먹이고, 무리를 따라 머물게 해야 하며, 자기 짝과 함께 살도록 해야 한다. 새들은 사람의 말을 듣기 싫어하는데 어찌 그렇게 시끄럽게 굴었을까?

사람의 음악을 들려준다면 새는 날아가 버리고, 짐승은 듣고 달아나 버리며, 물고기는 물속에 숨어 버릴 것이다. 오직 사람의 무리만이 둘러싸고 구경한다.

물고기는 물속에서 살 수 있지만 사람은 물속에서 죽는다. 이처럼 서로 좋고 싫음이 다른 것은 근본이 다르기 때문이다.

문해력을 높여 주는 어휘

독	차	지
獨	차	지

➡ 혼자서 모두 차지함

➡ 예 많은 재산이 그의 **독차지**가 되었다.

연	주
演	奏

➡ 악기를 다루어 곡을 표현하거나 들려주는 일

➡ 예 두 사람이 그 곡을 함께 **연주**했다.

근	본
根	本

➡ 사물의 본질이나 본바탕

➡ 예 그가 도망친 것이 패배의 **근본** 원인이다.

배경지식

① 《장자》에 우화가 많은 까닭은 무엇일까?

장자는 직접적으로 가르침을 말하기보다 우화를 통해서 사람들에게 자기가 하고 싶은 말을 전했어요. 우화는 사람이 아닌 동물이나 식물 혹은 사물을 주인공으로 하는 이야기예요. 사람이 아닌데 마치 사람처럼 말하고 행동하게 하면서 그들의 말과 행동을 통해 교훈을 전해요

어떤 교훈을 직접 이야기하는 것보다 이야기의 형식을 빌려서 전하면 사람들이 조금 더 편안하게 받아들일 수 있어요. '이렇게 해야 한다', '저렇게 해야 한다'라고 말하기는 쉽지만, 받아들이기는 쉽지 않아요. 하지만 이야기를 통해 넌지시 의도를 전달하면 상대가 조금 더 거부감 없이 쉽게 받아들일 수 있답니다.

우화 속 동물은 단순히 사람을 대신해서 말하는 경우도 있어요. 어떤 동물이 등장하더라도 상관없는 이야기도 있지요. 하지만 우화의 작가가 그 동물 자체의 특징도 어느 정도 생각해서 의도적으로 주인공으로 등장시키기도 해요.《이솝 우화》에서 당나귀는 고집이 센 동물로 나오고, 여우는 꾀가 많은 동물로 등장하는 것처럼 말이에요.

② "우물 안 개구리"는 무슨 뜻일까?

우물 안에서 태어나고 자란 개구리는 우물 밖의 세상을 알지 못합니다. 그래서 개구리는 우물에서 보이는 세상이 전부라고 생각해요. 하지만 동해에서

온 자라의 눈에는 우물 안 개구리가 우스워 보일 거예요. 동쪽 바다는 말로 표현할 수 없을 만큼 넓고 깊은데, 우물 속에서만 살아온 개구리는 직접 보기 전에는 죽었다 깨어나도 바다에 대해 알 수 없을 것입니다.

사람도 크게 다르지 않아요. 우물 안 개구리처럼 자기가 알고 경험한 것만이 이 세상의 전부라고 믿는 사람들이 있어요. 넓은 세상을 보고, 많은 것을 경험해야 더 넓은 시야를 가질 수 있어요. 누군가에게 "우물 안 개구리"라고 한다면, 그 사람이 아는 것이 별로 없고 시각이 좁은데도 자기가 제일 잘난 줄 안다는 의미예요.

우물 안 개구리가 되지 않으려면 항상 겸손한 태도와 호기심을 갖고 세상에 대해 배우려는 자세를 가져야 해요. 사람들은 자기가 모르는 사실을 접하면 애써 비웃고 무시하거나, 대충 알아보는 척하다가 그만두어요. 그러면 발전이 없답니다. 세상은 너무나 넓고, 나보다 더 다양한 것을 경험하고 더 많은 지식을 가진 사람이 있다는 사실을 받아들여야 해요. 그리고 내가 모르는 사실을 접했을 땐 그냥 덮어 두지 말고 자세히 알아보면 좋아요. 이때 필요한 것이 바로 호기심이에요. 새롭게 알게 된 사실이 진짜인지 아닌지 밝히려면, 호기심을 갖고 알아보아야 해요. 알아보지 않고 그냥 외면해 버리면 다시 알 기회를 갖기 어렵답니다. 더 넓은 세상을 배울 기회가 있다면 열린 마음으로 그 기회를 잡아 보세요.

고전 필사하기

이처럼 서로 좋고 싫음이 다른 것은 근본이 다르기 때문이다.

이처럼 서로 좋고 싫음이 다른 것은 근본이 다르기 때문이다.

▶ ▶ ▶ 서로 차이가 나는 것은 누가 옳고 누가 틀린 것이 아니라 다른 것이에요. 바닷새와 사람처럼 아예 근본이 다를 수도 있고, 자라온 환경이나 배경이 다를 수도 있어요. 이렇게 다양한 상대방에 대해서 이해한다면 내가 좋아하는 것을 상대방에게 강요하는 일은 없을 거예요.

이해력을 높여 주는 질문

1 동쪽 바다에서 온 자라의 말을 듣고 우물 안의 개구리는 왜 안절부절못했을까요?

----

2 노나라 임금이 잘 대접해 주었는데도 바닷새는 왜 죽게 되었을까요?

생각을 키워 주는 글쓰기

① 넓은 시야를 가지려면 어떤 마음 자세를 가지면 좋을까요?

우물 안 개구리가 동해를 알려면 어떤 마음을 품으면 좋을지 생각해 보세요.

생각을 키워 주는 글쓰기

2 내가 노나라 임금이라면 바닷새를 어떻게 대하면 좋을까요?

바닷새가 좋아할 만한 것이 무엇일지 떠올려 보세요.

인간의 본성을
깨달아야
한다

《사기열전》_ 맹상군

저자 소개 사마천(기원전 145? ~ 기원전 86?)

중국 전한의 역사가예요. 한무제의 신하로, 한때 황제의 노여움을 사서 궁형이라는 벌을 받았어요. 하지만 고난을 극복하고 《사기》를 집필해 중국 최고의 역사가로 칭송받고 있습니다.

고전 읽기

제나라 맹상군의 이름은 '문'이고, 성은 '전'이다. 그의 아버지 전영은 "5월에 태어난 아들이 키가 지게문 높이만큼 자라면 부모에게 해롭다"라는 말을 듣고 5월에 태어난 첩의 아들 문을 키우지 말라고 했다. 하지만 첩은 몰래 길렀다. 문이 장성하여, 아버지를 만난 자리에서 말했다.

"사람의 운명을 하늘에서 받는다면 무엇을 걱정하십니까?"

맹상군은 어릴 때부터 뛰어난 인재를 귀하게 여겼다. 한 번은 자기 아버지에게 이렇게 말했다.

"장수의 가문에는 반드시 장수가 있고, 재상의 가문에는 반드시 재상이 있다고 합니다. 지금 아버님이 데리고 계신 후궁들은 아름다운 비단옷을 입고 있지만, 선비들은 짧은 바지조차 하나 제대로 걸치지 못합니다. 아버님의 하인과 첩들은 쌀밥과 고기를 실컷 먹지만, 선비들은 쌀겨조차 배불리 먹지 못하고 있습니다. 아버님은 쌓아 둔 것이 남아돌지만, 베풀지 않고 더 많이 쌓아 두려고만 하실 뿐, 나라의 힘이 날로 약해지는 것은 잊고 계십니다. 저는 이 점이 이상하다고 생각합니다.”

맹상군이 자기가 다스리는 곳에서 뛰어난 선비들을 불러 모으자, 죄를 짓고 도망친 사람까지 모두 그에게 모였다. 맹상군은 그들을 정성껏 대우했다. 그러자 천하의 인물이 거의 다 그에게 모여들어 손님이 수천 명이나 되었다. 맹상군이 손님을 가리지 않고 누구에게나 잘 대우했기 때문에 사람들은 저마다 맹상군과 친하다고 생각했다.

맹상군은 진나라의 소왕에게 초청되어 벼슬을 했다. 소왕은 처음에 맹상군을 잘 대우해 주었다. 하지만 맹상군을 시기 질투하는 신하들의 모함으로 맹상군을 미워하게 되었다. 맹상군은 소왕에게 자기를 잘 이야기해 줄 사람이 그의 첩인 것을 알았다.

소왕의 첩은 여우 가죽옷을 탐냈는데 그 옷은 이미 소왕에게 주고 난 뒤였다. 맹상군은 소왕의 첩에게 줄 여우 가죽옷을 되찾아 올 방법이 없어 고민했다. 그는 그를 따르는 사람들에게 방법을 물었지만 시원하게 대답하는 이가 없었다. 그런데 개 흉내를 내어 좀도둑질을 잘하던 사람이 있었는데, 그가 이렇게 말했다.

"제가 여우 가죽옷을 구해 올 수 있습니다."

밤이 되자 그는 개 흉내를 내어 진나라 궁궐의 창고에 들어가 여우 가죽옷을 훔쳐 돌아왔다. 맹상군이 이것을 진나라 소왕의 첩에게 주어 위기에서 벗어났다. 하지만 소왕은 의심이 많은 사람이었다. 소왕은 뒤늦게 맹상군을 풀어준 것을 후회하고 그를 찾았지만, 맹상군은 이미 달아난 뒤였다. 소왕은 사람을 보내 그를 뒤쫓았다.

맹상군은 진나라 국경까지 갔지만, 관문을 통과할 길이 없었다. 진나라의 법에는 첫닭이 울어야만 관문을 열어 주게 되어 있었다. 그런데 아직 동트기 전이라 닭이 울려면 시간이 더 지나야 했다. 맹상군은 소왕의 부하들이 몰려올까 두려워 어쩔 줄을 몰랐다. 그때 따르는 자 가운데 맨 끝자리에 앉은 자가 닭 울음소리를 흉내 내자 근처의 닭들이 따라 울었다.

처음에 맹상군이 좀도둑과 닭 울음소리를 잘 내는 사람을 손님으로 맞았을 때, 다른 선비들은 모두 같은 자리에 앉는 것을 부끄러워했다. 그런데 맹상군이 진나라에서 잡혀 죽거나 추방당할 곤경에 처했을 때 이 두 사람이 그를 구하였다. 이렇게 맹상군이 편견 없이 사람을 대하는 것을 본 선비들은 모두 마음속 깊이 맹상군을 따르게 되었다.

문해력을 높여 주는 어휘

인	재
人	才

➡ 재주가 아주 뛰어난 사람

➡ 예 그는 큰 사업을 할 **인재**다.

추	방
追	放

➡ 일정한 지역이나 조직 밖으로 쫓아냄

➡ 예 규칙을 어겼을 경우 즉시 **추방**이다.

편	견
偏	見

➡ 공정하지 못하고 한쪽으로 치우친 생각

➡ 예 **편견**에 빠지면 그릇된 판단을 할 수 있다.

배경지식

① 사마천은 어려움 속에서도 왜 역사책을 지었을까?

사마천의 아버지 사마담은 전한 시대에 천문, 역법, 제사, 역사 등을 관장하는 관직인 태사였어요. 사마담은 죽기 전에 사마천에게 반드시 자기 뒤를 이어 역사서를 편찬하라고 당부했어요. 사마천은 아버지의 유언을 받들어 황실 도서관에서 일하면서 아버지의 뜻을 이으려고 했어요.

그런데 '이릉(李陵)의 화'에 휘말려 황제의 노여움을 사고 말아요. 평소에 친하지도 않았던 이릉이라는 장군을 사마천이 변호해 주다가 한무제에게 벌을 받게 되었지요. 이릉은 황제의 명을 받고 5,000명의 군사로 3만 명의 흉노 군과 싸웠어요. 그는 흉노군 3만 명 중 1만 명을 물리치는 공을 세웠지만, 식량이 떨어져 흉노에게 포위당했어요. 그는 어쩔 수 없이 흉노군에 항복했어요. 그렇게 하지 않으면 부하들의 목숨이 위험했기 때문이었지요. 이 사건에 대해 사마천은 어쩔 수 없는 선택이었다며 이릉의 편을 들었어요. 당시 한무제는 이미 이릉에게 벌을 주기로 마음먹었고, 이릉을 옹호하는 사마천에게도 벌을 내렸지요.

사마천은 몸의 일부를 잘라 내는 궁형이라는 끔찍한 형벌을 당하고 난 뒤 죽고만 싶었어요. 하지만 아버지의 뜻을 차마 저버릴 수 없어 8년을 더 편찬 작업에 매달렸고, 기원전 91년에야 마침내 아버지로부터 시작한 편찬 작업을 완성했지요.

《사기》는 중국 역사서 24사(史) 중 가장 뛰어나다고 평가받고 있어요. 이 책에는 중국의 전설로 전해지는 황제(黃帝) 시대부터 한무제(漢武帝) 시대까지 2,000여 년의 역사가 담겨 있어요. 모두 130권에 글자 수는 52만 6,500자에 이르는 대작이에요.

당시에 역사서를 쓰는 사람들은 보통 나라의 지원을 받아서 작업했어요. 하지만 사마천은 오직 혼자 힘으로 《사기》를 썼지요. 그렇게 함으로써 다른 사람의 입김에서 자유롭게 자기의 판단으로 글을 쓸 수 있었어요. 《사기》 130권 중 절반 이상인 70권이 신분이 왕족이 아닌 사람들의 이야기인 열전이에요. 사마천은 자신을 벌준 황제보다 낮은 신분이지만, 역사의 한 페이지를 장식한 사람들(의원, 자객, 광대, 점술가, 상인 등)에게 더 따뜻한 시선을 준 것이 아니었을까요?

② 맹상군은 왜 인재를 중요하게 생각했을까?

맹상군의 아버지는 인재를 얻는 것보다 재물과 오락거리를 더 중요하게 생각했어요. 하지만 맹상군은 뛰어난 인재를 잘 대접하고 그들의 마음을 얻어야 뜻을 펼칠 수 있다고 생각했어요. 맹상군은 선비들을 차별 없이 잘 대우했어요. 아무리 상황이 힘들더라도 자기가 먹는 밥과 반찬을 항상 똑같이 빈객들에게 대접했어요. 이런 소문을 듣고 수많은 인재가 모여들었고, 그가 위험에 처했을 때 그들에게 도움을 받을 수 있었답니다.

앞의 맹상군 이야기에서 '계명구도(鷄鳴狗盜)'의 고사가 유래되었어요. 그 뜻은 '비굴하게 남을 속이는 하찮은 재주 또는 그런 재주를 가진 사람'이에요. 비록 남들에게 내세울 만한 재주를 가진 사람이 아니더라도 주변에 두고 잘 지내면 힘든 상황이 되었을 때 도움을 받을 수 있어요. 사람을 계산적으로 대하지 말고 있는 그대로 모습을 존중한다면 결국 나에게 더 도움이 되지 않을까요?

고전 필사하기

아버님은 쌓아 둔 것이 남아돌지만,
베풀지 않고 더 많이 쌓아 두려고만 하실 뿐,
나라의 힘이 날로 약해지는 것은 잊고 계십니다.

아버님은 쌓아 둔 것이 남아돌지만,
베풀지 않고 더 많이 쌓아 두려고만 하실 뿐,
나라의 힘이 날로 약해지는 것은 잊고 계십니다.

▶ ▶ ▶ 맹상군이 아버지가 재주가 뛰어난 선비들을 잘 대접하지 않는 것을 꼬집어 말한 부분이에요. 재물이 아무리 많더라도 즐거움만을 위해 낭비한다면, 점점 줄어들겠지요. 하지만 재물을 가치 있는 곳에 투자한다면, 더 큰 이익을 얻게 될 거예요. 맹상군은 사람에게 재물을 투자하는 것을 가치 있다고 생각했어요.

이해력을 높여 주는 질문

1 맹상군이 중요하게 생각한 것은 무엇일까요?

----

2 맹상군은 왜 쓸모없어 보이는 재주를 가진 사람들도 잘 대해 주었을까요?

생각을 키워 주는 글쓰기

1 사람의 마음을 얻는 가장 좋은 방법은 무엇일까요?

맹상군이 다른 사람의 마음을 얻은 방법과 내가 생각할 때 좋다고 생각되는 방법을 모두 떠올려 보세요.

_____

_____

_____

2 사람들과 좋은 관계를 유지하려면 시간과 돈이 드는데, 도움이 되지 않는 사람들까지 두루두루 친하게 잘 사귀어야 할까요?

어떤 친구가 도움이 되는 친구일지 생각해 보세요.

_____

_____

_____

_____

원칙을
지켜야
승리한다

《사기열전》_ 손자

저자 소개   사마천(기원전 145? ~ 기원전 86?)

중국 전한의 역사가예요. 한무제의 신하로, 한때 황제의 노여움을 사서 궁형이라는 벌을 받았어요. 하지만 고난을 극복하고《사기》를 집필해 중국 최고의 역사가로 칭송받고 있습니다.

고전 읽기

《손자병법》을 지은 손자를 처음 만난 날, 오왕 합려가 말했다.

"그대가 지은 글을 모두 읽어 보았소. 작게나마 군대를 한번 지휘해 보시겠소?"

손자가 대답했다.

"가능합니다."

오왕 합려가 물었다.

"부녀자들로도 가능하겠소이까?"

손자는 가능하다고 대답했다. 오왕 합려는 궁 안의 미녀 180명을 모아 손자에게 지휘하게 했다. 손자는 그들을 두 개의 부대로 나누었다. 그리고 왕이 가장 아끼는 후궁 두 사람을 각 부대의 대장으로 삼았다. 손자는 미녀들에게 창을 들게 하고 '앞, 뒤, 좌, 우' 명령을 내려 미녀들을 움직이게 했다. 하지만 부녀자들은 큰 소리로 웃기만 했다.

"군령이 분명하지 않고 병사들이 명령에 숙달되지 않은 것은 장수의 죄다."

손자는 다시 여러 번 군령을 되풀이하였다. 북을 쳐서 왼쪽으로 행진하라고 했지만, 여전히 여인들은 장난으로 여기고 깔깔대기만 했다. 손자가 말했다.

"군령이 분명하지 않고 병사들이 명령에 숙달되지 않은 것은 장수의 죄이지만, 군령이 이미 명확해졌는데도 명령에 따르지 않는 것은 병사들의 죄다."

손자는 좌우 대장의 목을 베려 했다. 이 모습을 지켜보던 오왕은 깜짝 놀라 급하게 사람을 보냈다.

"과인이 이미 장군이 용병에 뛰어나다는 것을 알았소. 내가 이 두 첩이 없으면 밥을 먹어도 단맛을 모르니, 부디 그들의 목을 베지 말아 주시오."

손자가 말했다.

"저는 이미 군주의 명을 받아 장수가 되었습니다. 군에서는 군주의 명이라 하더라도 장수가 따르지 않는 경우가 있습니다."

손자는 결국 두 여인의 목을 베어 모두에게 보여 주었다. 그리고 그들 다음으로 왕의 사랑을 받는 후궁들을 좌우 부대의 대장으로 삼고 다시 북을 쳐 명령을 내렸다. 미인들은 모두 왼쪽, 오른쪽, 앞, 뒤로 자로 잰 듯 정확하게 움직였다. 아무도 불평하지 않았다.

손자는 왕에게 전령을 보냈다.

"군대가 잘 준비되었습니다. 왕께서는 내려오셔서 보시지요. 왕께서 그들을 쓰시려 한다면, 그들은 물불을 가리지 않고 뛰어들 것입니다."

오왕 합려는 말했다.

"장군은 그만 돌아가 쉬시오. 과인은 내려가고 싶지 않소이다."

손자가 말했다.

"왕께서는 겨우 이론만 좋아하실 뿐 그것을 실제로 사용하실 수 없습니다."

오왕 합려는 손자가 병법의 이론뿐만 아니라 실제 용병에도 뛰어나다는 사실을 알고는 그를 장군으로 임명했다. 그 뒤 오나라는 서쪽의 강대국인 초나라를 물리치고, 북쪽의 제나라, 진나라를 위협하여 제후들 사이에서 이름을 떨쳤다. 이것은 손자의 힘이 함께했기 때문이다.

문해력을 높여 주는 어휘

군	령
軍	令

➡️ 군사상의 명령

➡️ **예** 장군이 **군령**을 내리면 어겨서는 안 된다.

숙	달
熟	達

➡️ 익숙하게 통달함

➡️ **예** 신입 사원들의 업무 **숙달**을 위해 선배들이 관심을 기울여야 한다.

전	령
傳	令

➡️ 명령을 전하는 사람

➡️ **예** 남문 쪽이 위험하다는 소식을 전하려고 **전령**이 뛰어들었다.

배경지식

① 《손자병법》을 지은 손자

손자의 원래 이름은 손무입니다. 워낙 병법에 뛰어났던 인물이라, 위대한 스승이라는 뜻으로 '손자'라 불렸어요. 손자는 제나라에서 살다가 나라 안에서 난이 일어나 오나라로 몸을 피했어요.

이 이야기는 합려가 손자를 만났을 때, 그의 용병 실력을 시험한 일화입니다. 오왕은 손자를 신하로 삼기 전에 그가 그냥 이론에만 밝은 사람인지, 정말로 군사들을 지휘할 능력이 있는 사람인지 알아보고 싶었을 거예요. 그런데 이날 손자는 합려가 가장 아끼는 궁녀 둘을 처형해 버립니다. 심지어 오왕 합려가 직접 용서해 달라고 했는데도 말이지요. 손자는 군에서는 왕의 명령보다 장수의 명령이 더 중요하다는 것을 보여 주었습니다.

오왕 합려는 손자의 실력은 인정했지만, 아마 마음이 씁쓸했을 거예요. 하지만 그는 손자를 대장으로 임명해 크게 썼습니다. 손자는 오나라의 군대를 강하게 키워내 초나라를 멸망 직전까지 몰아붙였어요. 결국 손자 덕분에 오나라는 군사적으로 아주 강한 나라가 되었어요.

② 오왕 합려는 어떤 인물이었을까?

오왕 합려는 춘추 전국 시대 오나라의 제24대 왕이에요. 합려의 아버지는 오나라의 왕위를 이었지만, 자기 동생들에게 왕위를 물려주었어요. 당시에는 아들에게 왕위를 물려주는 것이 일반적이었기 때문에 합려는 불만을 품게 되었지요. 합려의 아버지에게는 세 명의 동생이 있었어요. 둘째와 셋째 동생까지 왕위를 물려받다가 넷째 동생의 차례가 되자, 넷째 동생은 그만 도망가 버렸지요.

그러면서 셋째 동생의 아들 요가 왕이 되었는데, 오왕 합려는 그 사실에 화가 많이 났어요. 자기 아버지가 바로 자기에게 왕위를 물려주었다면 자신이 왕이 되었을 텐데 그렇게 되지 않았기 때문이지요. 합려는 아주 야심만만한 인물이었답니다. 합려는 오자서를 통해 전제라는 자객을 소개받았어요. 전제는 먹음직스러운 물고기 요리에 칼을 숨기고 요에게 다가가 그를 습격하고 자신도 호위 무사들에게 죽임을 당했어요. 이렇게 무서운 계략으로 왕이 된 합려는 오자서와 손자를 등용하고 오나라를 강대국으로 키워 냈어요.

고전 필사하기

| 군에서는 군주의 명이라 하더라도 |
| 장수가 따르지 않는 경우가 있습니다. |

| 군에서는 군주의 명이라 하더라도 |
| 장수가 따르지 않는 경우가 있습니다. |

▶▶▶ 전쟁터에서는 장수의 명령에 따라 군사들이 그 상황에 맞게 질서 있게 움직여야 해요. 전쟁의 상황을 잘 모르는 왕이 뒤에서 이 런저런 명령을 내리면 승리하기 힘들 수 있지요. 장수로서 손자가 가진 마음가짐과 장수와 군주의 관계를 잘 나타내는 말이에요.

이해력을 높여 주는 질문

1 처음에 미녀들은 왜 손자의 명령을 무시했을까요?

----

2 왜 손자는 왕의 부탁에도 불구하고 두 대장을 처벌했을까요?

생각을 키워 주는 글쓰기

1 손자는 오왕 합려에 대해 어떻게 생각했을까요?

손자가 훈련을 마친 뒤에 합려에게 한 말을 잘 생각해 보세요.

생각을 키워 주는 글쓰기

2 오왕 합려가 잘한 것은 무엇이라고 생각하나요? 그렇게 생각
하는 이유는 무엇인가요?

자기가 사랑하는 애첩을 죽인 손자를 어떻게 대했는지 생각해 보세요.

리더십은
솔선수범에서
시작한다

《삼국지연의》
_ 조조의 꾀

저자 소개 **나관중**(1330? ~ 1400)

중국 원나라, 명나라 시기의 소설가예요. 후한 말기 위, 촉, 오 삼국
을 중심으로 펼쳐지는 영웅들의 역사인《삼국지》를 소설로 재미
있게 각색해《삼국지연의》를 썼어요. 이외에도《수호전》을
썼답니다.

고전 읽기

조조는 17만 명의 군사를 이끌고 원술을 공격했다. 원술의 군사들
은 성문을 굳게 닫고 싸우려 하지 않았다. 대신 멀리서 온 조조 군의
식량이 떨어지기를 기다렸다. 조조는 17만 군사가 날마다 먹어 치
우는 어마어마한 식량을 감당하기 힘들었다. 마침 흉년이 들어서 식
량을 구하기도 힘든 상황이었다. 양식이 떨어지자 조조는 손책에게
도움을 요청했다. 손책은 조조에게 곡식 10만 섬을 보내 주었다. 하
지만 17만 군사에게는 부족한 양이었다.

군량을 담당하던 왕후라는 관리가 조조에게 말했다.

"군사는 많고 양식은 적으니 어찌할지 방법을 찾지 못하겠습
니다."

조조가 말했다.

"작은 되로 나누어 주어 우선 주린 배를 채우도록 하라."

이에 왕후가 대답했다.

"군사들이 원망할까 걱정입니다."

조조가 확신에 차 말했다.

"나에게 다 생각이 있다."

왕후는 군사들에게 날마다 배급하던 양을 줄여서 나누어 주었다. 양식이 없어지는 속도가 줄었다. 조조는 가만히 부하들을 시켜서 군사들의 반응을 살폈다. 군사들은 조조가 자기들을 속였다고 원망이 자자했다. 조조는 가만히 왕후를 불렀다.

"내가 네 물건을 하나 빌려 그것으로 병사들을 진정시키려고 하니, 아끼지 마라."

"무슨 물건을 쓰시려 하는지요?"

"네 머리를 베어 군사들의 불만을 누그러뜨려야겠다."

왕후는 깜짝 놀랐다.

"아이고, 승상, 제가 무슨 죄가 있습니까?"

"너에게 죄가 없는 것은 잘 안다. 하지만 양식을 담당하는 너를 죽이지 않고는 군사들의 마음을 잡을 수 없으니 어쩔 수가 없다. 네가 죽은 뒤에 너의 가족은 내가 책임지고 잘 돌보아 줄 것이다. 그 점은 걱정하지 않아도 된다."

조조는 왕후를 처벌한 뒤에 군사들에게 이렇게 알렸다.

"왕후가 군사들에게 나누어 줄 곡식을 줄이고 제 몫으로 빼돌렸기에 군법에 따라 처형하노라."

그제야 조조에 대한 군사들의 원망이 진정되었다. 왕후를 처형한 다음 날, 조조는 군사들에게 이렇게 명령했다.

"만약에 사흘 안으로 성을 쳐부수지 못한다면 모두 목을 베어 버리겠다."

조조는 명령을 내린 뒤에 몸소 성 밑으로 나아갔다. 그는 군사들을 독려하여 흙과 돌을 날라 성 주위에 둘러 판 못을 메우게 했다. 이때 성 위에서 화살과 돌이 비 오듯 쏟아졌다. 놀란 병사들이 물러섰다. 조조는 칼을 빼어 도망가는 군사들의 목을 베고, 말에서 뛰어내려 몸소 흙을 날랐다.

조조가 목숨을 아끼지 않는 모습을 지켜보던 군사들은 앞을 다투어 성문을 향해 돌진했다. 그 기세가 어찌나 대단한지 성 위의 적군들은 감히 대적할 엄두를 내지 못했다. 조조의 군사들은 성벽을 기어올랐다. 먼저 성벽에 오른 군사들이 성문을 열었다. 그러자 조조의 대군은 물밀 듯이 성 안으로 들어갔다.

감	당
堪	當

➡ 능히 견디어 냄

➡ **예** 그녀는 아이를 잃은 슬픔을 **감당** 못 하고 통곡하였다.

양	식
糧	食

➡ 생존을 위하여 필요한 사람의 먹을거리

➡ **예** 먹을 **양식**이 다 떨어졌다.

독	려
督	勵

➡ 감독하며 격려함

➡ **예** 그의 **독려**가 훈련에 도움이 되었다.

배경지식

① 《삼국지연의》의 배경은?

《삼국지연의》는 중국 후한 말기, 184년에서 280년 사이에 일어난 역사적인 사건을 배경으로 한 역사 소설이에요. 중국을 최초로 통일한 진나라 다음에 일어난 나라가 한나라예요.

유방이 세운 한나라는 건국 후 황제의 권력이 막강했어요. 하지만 왕망의

난으로 전한이 무너지고 말아요. 광무제 유수가 왕망의 신나라를 무너뜨리고 한나라를 다시 세웠는데, 이를 후한이라고 불러요.

이 후한 말기에 황건적의 난이 일어나요. 부패하고 무능한 황제와 십상시라고 불리는 내시들이 나라를 어지럽게 해, 굶주린 백성들이 반란을 일으킵니다. 이때 중국 각지에서 영웅들이 일어나 황건적을 소탕해요. 이 영웅들은 대부분 황제와 한나라를 지키는 것을 중요하게 생각했지요.

이들 중 조조, 유비, 손권이 큰 세력을 이루어 각기 나라를 세웠어요. 조조의 아들 조비의 위나라, 유비의 촉나라, 손권의 오나라가 서로 힘겨루기했지요. 조비는 후한의 황위를 빼앗아 위나라를 세웠어요. 위나라는 이후 사마씨의 손에 넘어가 진나라가 되었어요. 그리고 결국 진나라가 중국을 통일해요. 《삼국지연의》는 황건적이 일어난 시기에서 진나라가 중국을 통일하는 시기를 배경으로 한답니다.

② 성을 공격하는 일은 왜 쉽지 않았을까?

고대의 전쟁을 묘사한 책이나 영화를 보면, 성을 공격하는 것이 쉽지 않았음을 알 수 있어요. 《손자병법》과 같은 책에서도 성을 공격하려면 많은 희생이 따르기 때문에 피하라고 나와 있지요. 단단한 성을 공격하려면 사다리를 타고 성을 기어올라가 성벽 위에 있는 적을 물리쳐야 했어요. 성벽 위에서는 화살이나 돌, 뜨거운 기름 등으로 방어해서 오르기 힘들었답니다. 공격하는 쪽은 성벽을 오르는 과정에서 많은 희생을 감수해야 했어요.

성 주위에는 해자라고 하는 못을 만들었어요. 깊은 못을 파서 적이 쉽게 성벽에 오르지 못하게 했답니다. 앞의 이야기에서 조조가 병사들을 성벽에 오르게 하려고 먼저 해자를 메운 모습을 볼 수 있어요.

고전 필사하기

너에게 죄가 없는 것은 잘 안다.

하지만 양식을 담당하는 너를 죽이지 않고는

군사들의 마음을 잡을 수 없으니 어쩔 수가 없다.

너에게 죄가 없는 것은 잘 안다.

하지만 양식을 담당하는 너를 죽이지 않고는

군사들의 마음을 잡을 수 없으니 어쩔 수가 없다.

▶▶▶ 부하를 죽이는 꾀를 내어 위기를 모면하는 조조의 모습을 볼 수 있어요. 조조는 교활하고 임기응변에 뛰어났답니다.

이해력을 높여 주는 질문

1 조조는 식량 부족의 문제를 어떻게 해결했나요?

----

2 왕후를 처형함으로써 식량 부족 문제는 마침내 해결되었을까요?

생각을 키워 주는 글쓰기

1 군의 식량 문제를 해결하는 다른 방법은 없었을까요? 나라면 어떻게 했을까요?

누군가가 희생하지 않고도 해결할 수 있는 방법은 없었을까요? 생각해 보세요.

생각을 키워 주는 글쓰기

2 조조가 보여 준 리더로서의 강점은 무엇인가요?

성을 공격할 때 조조의 모습을 떠올려 보세요.

전략이
있어야
승리한다

《삼국지연의》
_ 적벽대전

저자 소개 나관중(1330? ~ 1400)

중국 원나라, 명나라 시기의 소설가예요. 후한 말기 위, 촉, 오 삼국을 중심으로 펼쳐지는 영웅들의 역사인 《삼국지》를 소설로 재미있게 각색해 《삼국지연의》를 썼어요. 이외에도 《수호전》을 썼답니다.

고전 읽기

조조는 유표가 다스리던 지역을 손에 넣고 막강한 군대를 얻게 되었다. 조조는 기세를 몰아 손권이 다스리는 강동을 손에 넣으려고 했다. 조조는 83만의 군대를 이끌고 강동으로 향했다. 이에 강동에서는 100만 대군이 몰려온다는 소문이 나, 모두 두려워했다.

유비의 세력은 조조에게 쫓기고, 난민들까지 함께 데리고 움직이면서 힘이 크게 약해졌다. 유비의 신하 제갈공명이 말했다.

"조조가 100만 대군을 이끌고 오기에 손권은 우리에게 사람을 보내 사정을 알아보려고 할 것입니다. 손권이 사람을 보내면, 저는 강동으로 가서 남쪽의 손권과 북쪽의 조조가 싸우게 만들겠습니다. 만약 손권이 크게 이기면 조조를 몰아내 형주 땅을 차지하고, 조조가 승리하면 우리는 기회를 노려 강남을 얻으면 되겠지요."

제갈공명은 손권이 보낸 노숙과 함께 강동으로 갔다. 손권의 신하들은 조조의 100만 대군이 무서워 항복하자는 의견이 많았다. 제갈공명은 그들과 담판을 지어 손권이 조조와 싸우도록 했다.

조조의 군사들은 대부분 북쪽 지방 출신이었다. 그들은 물에서 하는 싸움에 서툴렀다. 조조는 수군을 잘 다루는 채모와 장윤에게 군사들의 훈련을 맡겼다. 손권의 장수였던 주유는 계략을 써서 채모와 장윤이 조조를 배신할 것처럼 가짜 정보를 흘렸다. 조조는 이에 속아 두 장수를 처벌했다.

주유는 제갈공명의 능력이 자기보다 뛰어나다고 생각했다. 제갈공명을 살려 두면 나중에 손권에게 위협이 될 것으로 생각해 죽이려 하였다. 하루는 제갈공명을 곤란하게 할 핑곗거리를 만들기 위해 제갈공명을 불러 말했다.

"조만간 조조와 싸워야 하는데, 물에서 싸우려면 어떤 무기가 필요하겠소이까?"

"넓은 강 위에서는 화살이 제일 좋겠습니다."

"선생의 생각이 나와 같소이다. 그런데 지금 화살이 넉넉하지 않아서 걱정입니다. 수고스럽지만 열흘 안에 선생께서 화살 10만 대만 만들어 주시면 어떻겠소?"

제갈공명은 열흘이 아니라 사흘 안에 만들겠다고 대답했다. 제갈공명은 이틀간 빈둥거리다가 사흘째 되는 날에 풀더미와 30명의 군사가 탄 배를 20척 준비했다. 그리고 해가 진 뒤에 조조의 진영으로 향했다. 때마침 물 위로 짙은 안개가 끼어 앞을 제대로 볼 수 없었다. 제갈공명은 병사들에게 북을 울리며 함성을 지르게 했다. 조조는 놀라 자기 병사들에게 북소리 나는 쪽으로 화살을 쏘게 했다.

"화살을 주어 고맙소!"

이렇게 해서 제갈공명은 하룻밤에 화살 10만여 대를 얻었다.

한 번은 주유가 제갈공명과 의논했다.

"조조를 쳐부수어야 하는데, 아직 이렇다 할 방법이 없어 답답합니다. 선생께서 가르침을 주시오. 속으로 한 가지 작전을 생각하긴 했는데 괜찮을지 모르겠소."

"각자 손바닥에 방법을 써서 서로의 뜻이 같은지 보기로 하시지요."

주유는 붓과 벼루를 가져오게 하고는 자신이 먼저 손바닥에 안 보이게 글자를 적었다. 그리고 제갈공명에게도 붓을 주며 쓰라고 했다. 그들은 서로 상대의 손바닥에 쓴 글자를 보고는 크게 웃었다. 두 사람 모두 손바닥에 '불 화(火)'자를 썼던 것이다.

기	세
氣	勢

➡ 기운차게 뻗치는 모양이나 상태

➡ 예 **기세**가 누그러지다.

난	민
難	民

➡ 전쟁이나 재난 따위를 당하여 곤경에 빠진 사람

➡ 예 수많은 **난민**이 피난길에 오르고 있다.

담	판
談	判

➡ 서로 맞선 관계에 있는 쌍방이 의논하여 옳고 그름을 판단함

➡ 예 오늘은 **담판**을 지어야겠다.

배경지식

① **유비와 손권이 힘을 합쳐 조조와 싸운 적벽대전**

208년에 일어난 적벽대전은 《삼국지연의》에서 가장 유명한 전투입니다. 조조는 중국 통일을 목표로 군사들을 이끌고 남쪽으로 향했어요. 이때 형주라는 지역을 다스리던 유표가 죽고, 그의 뒤를 이은 유종은 조조에게 저항하지 않고 바로 항복해 버렸지요. 그래서 조조는 형주의 수군과 수많은 물자를 손

에 넣을 수 있었어요. 유표에게 몸을 피해 있던 유비는 조조에게 쫓겨 유표의 아들 유기에게 도망쳐요.

조조는 손권의 세력까지 공격하려고 해요. 조조의 군세가 워낙 강해서 손권은 항복도 생각했지만, 결국 유비와 힘을 합쳐 조조와 싸우기로 결정합니다. 손권과 조조는 강에서 싸우게 되었는데, 조조의 군사들은 대부분 북쪽 출신이라 물에서 하는 싸움에는 서툴렀어요.

조조는 강릉에서 수군을 준비했습니다. 커다란 배를 만들고, 군사들의 배멀미를 막기 위해 큰 배를 서로 연결해서 마치 땅 위를 걷는 것처럼 만들었어요. 이렇게 하면 군사들의 배멀미는 줄어들 수 있었지만, 불로 공격했을 때 배가 한 번에 불타 버릴 수 있는 위험이 있었지요.

유비와 손권의 연합군은 화공을 써서 조조의 배들을 불태웠어요. 조조는 화공으로 크게 피해를 입은 데다가 군사들 사이에 전염병이 돌아 제대로 싸울 수 없게 되었어요. 조조는 부하 장수들에게 뒤를 맡기고 도망치듯 전쟁터를 떠났어요.

적벽대전에서의 패배로 조조는 한동안 남쪽을 넘보지 못하게 되었어요. 유비와 손권은 각기 다스리는 땅을 넓히고 힘을 기를 수 있었지요. 이후 280년 오나라가 멸망하기 전까지 삼국 시대가 본격적으로 시작되었어요.

② 고대 전투에 쓰인 화공의 위력

'화공'은 전쟁에서 불로 적을 공격하는 것을 말해요. 고대 전투에서 화공은 아주 강력한 공격 방식이었어요. 상대편 군사들을 직접 공격하는 수단이기도 했지만, 말이나 식량, 군사들이 쉬는 곳을 없애는 방법이기도 했지요.

손자는 《손자병법》에서 〈화공편〉을 따로 만들어, 화공의 종류, 쓰는 시기 등에 대해 자세히 쓰기도 했어요. 손자는 화공을 그리 좋은 전투 방법이라고 생각하지는 않았어요. 왜냐하면 화공을 쓰고 나면 적이 거의 전멸하거나 적의 물자가 불타 없어지기 때문에 승리하더라도 얻는 것이 별로 없었기 때문이에요.

고전 필사하기

각자 손바닥에 방법을 써서 서로의 뜻이 같은지 보기로 하시지요.

각자 손바닥에 방법을 써서 서로의 뜻이 같은지 보기로 하시지요.

▶ ▶ ▶ 《삼국지연의》에 등장하는 최고의 천재 두 사람이 두 나라의 운명을 건 싸움에서 반드시 승리할 방법을 서로 나누는 장면입니다. 제갈공명과 주유는 서로 경계하기도 했지만, 힘을 합쳐야 할 때는 합쳐 적벽대전에서 조조의 대군을 물리쳤답니다.

이해력을 높여 주는 질문

1 제갈공명은 왜 손권과 조조를 싸우게 했을까요?

_____

_____

_____

_____

2 주유는 왜 제갈공명에게 화살 10만 대를 만들어 달라는 무리한 부탁을 했을까요?

_____

_____

_____

_____

생각을 키워 주는 글쓰기

1 제갈공명이 사흘 만에 10만 대의 화살을 가지고 왔을 때, 주 유는 어떤 생각이 들었을까요?

주유는 제갈공명이 정말로 사흘 만에 10만 대의 화살을 가져올 것을 예상했을까요? 한번 생각해 보세요.

생각을 키워 주는 글쓰기

2 전쟁에 동원된 군사들은 어떤 마음이었을까요?

조조의 군사들은 먼 고향을 떠나 낯선 남쪽으로 와서 배 위에서 전염병에 걸리기도 했어요. 그들이 어떤 마음이었을지 생각해 보세요.

정의로움을
추구하라

《도련님》

저자 소개 나쓰메 소세키(1867 ~ 1916)

일본의 국민 작가로 많은 사랑을 받는 소설가예요. 메이지 시대의 지식인으로, 영국 유학을 다녀오기도 했어요. 《도련님》, 《마음》, 《나는 고양이로소이다》 등의 작품을 통해 일본 최초의 근대 소설가라는 평가를 받고 있어요.

고전 읽기

나는 부모님에게 물려받은 앞뒤 안 가리는 성격 때문에 어릴 때부터 손해만 보고 있다. 학교 2층에서 뛰어내리다 허리를 삐어 일주일 정도 누워 있었던 적이 있다. 왜 그렇게 대책 없는 짓을 했냐고 묻는 사람이 있을지도 모르겠다. 별다른 이유는 없다. 새로 지은 학교 건물 2층에서 고개를 내밀고 있는데, 친구 한 명이 "네가 아무리 잘난 체해도 2층에서 뛰어내리지는 못하겠지, 이 겁쟁이야!" 하고 시답잖은 시비를 걸었기 때문이다.

집에 오니 아버지께서 눈을 부라리며 세상에 2층에서 뛰어 허리를 삐는 바보가 어디 있냐고 하시기에 다음에는 다치지 않고 뛰어내리는 걸 보여 주겠다고 했다.

아버지는 나를 조금도 귀여워하지 않았다. 어머니는 형만 편애했다. 아버지는 나만 보면 어차피 글러 먹은 놈이라고 했다. 어머니는 내가 하도 우악스러워서 앞날이 걱정이라고 했다.

어머니가 병으로 돌아가시기 이삼일 전에 부엌에서 공중제비를 돌다가 부뚜막 모서리에 갈비뼈를 찧었다. 엄청나게 아팠다. 어머니가 벼락같이 화를 내며 너 같은 놈은 꼴도 보기 싫다고 하기에 친척 집에 가서 잤다. 그랬는데 기어이 돌아가셨다. 그렇게 빨리 가실 줄은 몰랐다.

우리 집에는 10년을 함께한 기요 할멈이 있었다. 기요 할멈은 부엌에 아무도 없을 때 더러 "도련님은 성품이 바르고 참 착합니다"라고 칭찬해 주었다. 하지만 나는 이해할 수 없었다. 내가 정말 그렇게 착하다면 다른 사람들도 나한테 조금은 더 잘해 줄 것 아닌가. 기요 할멈이 그런 말을 할 때마다 빈말은 듣기 싫다고 퉁명스레 대꾸했다. 그러면 또 할멈은 그러니까 착하다는 거라며 기쁜 듯 내 얼굴을 보았다. 본인이 나를 키웠다고 자랑스러워하는 눈치다. 나는 그게 다소 언짢았다.

졸업하고 시코쿠의 한 중학교에 수학 교사로 가게 되었다. 처음 교실에 들어가 높은 교단에 올랐을 때 기분이 이상했다. 수업을 하면서 나 같은 사람도 선생을 하는구나 싶었다. 학생들은 시끄러웠다.

수업이 끝나고 교실을 나서는데 학생 하나가 아주 어려운 기하학

문제를 풀어 달라고 들이미는 통에 식은땀을 흘렸다. 하는 수 없이 "잘 모르겠다. 다음 시간에 알려 주마" 하고 서둘러 교실을 빠져나왔다. 그러자 학생들이 와하하 하고 떠들었다.

일단 수업은 마쳤지만 집에 갈 수 없었다. 3시까지 우두커니 기다려야만 했다. 3시가 되면 담임을 맡은 반 학생이 청소 검사를 해 달라고 온다. 청소 검사 후 출석부를 확인하고서야 일과가 끝난다. 제 아무리 월급에 매인 몸이라지만 수업이 없는데도 학교에 붙잡아 두고 책상을 노려보게 하는 법이 어디 있나. 하지만 다들 순순히 규칙을 따르는데 새로 들어온 나만 트집을 잡을 수도 없어서 참았다.

집으로 돌아가는 길에 수학 선생에게 따지듯 물었다.

"아무리 그래도 3시까지 학교에 붙잡아 두는 건 멍청한 짓 아닙니까?"

그 선생은 "그렇지, 하하" 하고 웃더니만 돌연 정색하며 충고했다.

"자네, 학교에서 너무 대놓고 불평해서는 안 돼. 하고 싶으면 나한테만 하게. 이상한 사람들도 있으니까."

사거리에서 헤어지면서 자세한 내막은 들을 수 없었다. 그리고 나는 하숙집으로 돌아갔다.

문해력을 높여 주는 어휘

성	품
性	品

➡️ 사람의 성질이나 됨됨이

➡️ **예** 그는 너그러운 **성품**을 가지고 있다

편	애
偏	愛

➡️ 어느 한 사람이나 한쪽만을 치우치게 사랑함

➡️ **예** 아들에 대한 **편애**가 유별나다.

기	하	학
幾	何	學

➡️ 도형 및 공간의 성질에 대하여 연구하는 학문

➡️ **예** 고대 그리스에서는 일찍부터 **기하학**이 발달하였다.

배경지식

1 《도련님》은 어떤 내용일까?

《도련님》은 앞뒤 안 가리는 정직한 성격의 주인공이 학교에 선생으로 부임하면서 겪는 이야기입니다. 어릴 때부터 말썽꾸러기로 부모의 사랑을 받지 못한 주인공 도련님은 집안의 하녀인 기요 할멈에게는 사랑받아요. 그는 시코쿠의 중학교 수학 교사로 일자리를 얻게 됩니다.

도련님이 부임한 중학교는 사회의 축소판과 같아요. 도련님은 좋은 사람인 척하는 교장, 항상 빨간 셔츠를 입고 다니는 교활한 교감, 교감에게 아첨하며 알랑거리는 미술 선생, 괄괄하면서도 정의로운 수학 선생, 훌륭한 인품을 가진 영어 선생 등을 만납니다.

시골 학교지만 아이들이 순진하기만 하지는 않았어요. 오히려 영악했지요. 학생들은 새로 온 선생님을 놀림거리로 삼습니다. 메밀국수를 좋아하는 도련님이 튀김 메밀국수를 네 그릇 먹은 것을 소문내 놀리기도 하고, 도련님이 숙직하는 날 이불 속에 메뚜기를 수십 마리 넣어 두기도 하지요.

도련님은 불합리한 학교 운영 방식에 불만을 품기도 해요. 선생님이 자기 수업을 다 마쳐도 학급의 청소 검사를 하기 위해 3시까지 아무것도 하지 않고 기다려야 하는 것이나, 월급을 더 받는 고참 선생님들이 숙직에서 제외되는 사실에 분개하기도 한답니다.

도련님은 우연히 교활한 교감 선생이 착한 영어 선생의 약혼자를 유혹해 빼앗으려 한다는 사실을 알게 되었어요. 교감은 약혼자를 빼앗은 것도 모자라 영어 선생을 멀리 떨어진 시골로 전근 보내려고 해요. 도련님은 교감과 그 일당인 미술 선생의 의롭지 못한 행동에 분개했고, 그들을 혼내 주려고 합니다. 그러던 와중에 학생들의 싸움에 잘못 휘말려 학교를 그만둘 상황에 처하게 되지요.

또 어느 날은 교감과 미술 선생이 기생들과 어울리는 것을 목격하고, 자신과 마찬가지로 정의감에 불타는 수학 선생과 함께 그들을 두들겨 패 줍니다.

② 왜 책의 제목이 《도련님》일까?

'도련님'은 총각을 높여 부르는 말로, '부잣집 도련님'처럼 세상 물정을 모르는 사람을 가리키기도 합니다. 주인공은 고지식하고, 정의감을 갖고 있어요. 자기의 이익을 위해 순진한 영어 선생의 약혼자를 빼앗고, 멀리 전근까지 보내 버리는 교감 선생은 도련님이 보기에는 용서할 수 없는 사람이지요.

《도련님》은 세상 사람들이 대부분 나쁜 짓을 권장한다고 생각합니다. 대부분의 사람이 사회에서 성공하려면 나쁜 짓을 해야 한다고 믿고 있다는 것이지요. 그런 사람들 눈에 정직하고 순수한 사람, 잘못된 것을 바로 잡으려고 애쓰는 사람은 '도련님', '애송이'로 놀림감이 되기도 합니다.

《도련님》은 정의로운 마음으로 나쁜 사람을 혼내 주는 '권선징악'을 주제로 하고 있어요. 권선징악은 "착한 일을 권장하고 악한 일을 징계한다"라는 뜻으로 근대 이전의 소설들에서 주요 주제였지요. 하지만 작가는 이런 주제를 근대 소설에서도 보여 줍니다. 인정 많은 기요 할멈이나 정의감으로 똘똘 뭉친 주인공과 수학 선생, 그리고 인품이 뛰어난 영어 선생을 훌륭한 사람으로 묘사합니다. 반면에 자기 이익을 위해 교활하게 뒤에서 일을 꾸미고, 위선적인 모습을 보이는 인물들의 행태를 비판하고 있어요.

내가 정말 그렇게 착하다면 다른 사람들도 나한테 조금은 더 잘해 줄 것 아닌가. 기요 할멈이 그런 말을 할 때마다 빈말은 듣기 싫다고 퉁명스레 대꾸했다. 그러면 또 할멈은 그러니까 착하다는 거라며 기쁜 듯 내 얼굴을 보았다.

내가 정말 그렇게 착하다면 다른 사람들도 나한테 조금은 더 잘해 줄 것 아닌가. 기요 할멈이 그런 말을 할 때마다 빈말은 듣기 싫다고 퉁명스레 대꾸했다. 그러면 또 할멈은 그러니까 착하다는 거라며 기쁜 듯 내 얼굴을 보았다.

▶▶▶ 인정 많은 기요 할멈과 툴툴거리면서도 은근히 기요 할멈의 칭찬이 싫지 않은 도련님의 모습을 엿볼 수 있는 글이에요. 기요 할멈은 도련님을 항상 지지해 주고 칭찬합니다. 이렇게 항상 나의 뒤에서 버팀목이 되어 주는 사람은 누구인가요?

이해력을 높여 주는 질문

1 주인공은 어떤 성격을 가졌나요? 그렇게 생각하는 이유는 무엇인가요?

---

2 수학 선생님은 왜 학교에서 대놓고 불평하면 안 된다고 말했을까요?

생각을 키워 주는 글쓰기

1 주변 사람들이 "어차피 글러 먹었다"와 같이 나를 한계 짓는 말을 하면 어떻게 생각하는 것이 좋을까요?

나에게 그런 말을 하는 사람들도 완벽하지 않다는 점을 생각해 보세요.

----

2 내가 새로 속하게 된 조직에 이해할 수 없는 규칙이 있을 때, 어떻게 하면 좋을까요?

이해할 수 없는 규칙에 대해 처음부터 문제 삼고 따진다면 어떤 상황이 벌어질지 생각해 보세요.

2부
서양 고전

교만함에는
대가가
따른다

《오디세이아》

저자 소개 **호메로스**(기원전 8세기경)

고대 그리스의 전설적인 시인으로, 서양 문학의 뿌리와 같은 고전 《일리아스》와 《오디세이아》의 저자로 알려져 있어요. 많은 이들 이 역사상 가장 위대한 작가로 꼽으며 존경했답니다.

고전 읽기

나(오디세우스)와 선원들은 항해를 계속했습니다. 그러다 키클롭스 들이 사는 섬에 도착했지요. 그들은 죽지 않는 몸을 가진 거인이었 답니다. 우리는 섬에서 먹고 마셨습니다. 나는 회의를 소집했지요.

"그대들은 모두 이곳에 머무르시오. 나는 내 배에 탔던 전우들과 함께 배를 타고 가서 저들이 오만하고 올바르지 못한지, 아니면 손 님에게 친절하고 신을 두려워하는지 시험해 볼 작정이오."

나는 전우들과 함께 큰 동굴에 이르렀어요. 동굴 주인은 안에 없 었습니다. 그는 풀밭에서 살찐 가축들을 먹이고 있었지요. 전우들은 돌아가자고 내게 말했습니다. 하지만 나는 듣지 않았습니다. 그때 그들의 말을 들었다면 좋았을 것을!

얼마 후 한 거인이 마른 장작을 잔뜩 가지고 왔습니다. 저녁 짓는 데 쓰려는 것이었지요. 그자가 그것을 동굴 안으로 던지자 '쿵' 하는 소리가 났습니다. 우리는 두려워 동굴의 맨 안쪽으로 달아났습니다. 거인은 작은 가축들 중 암컷들은 모두 동굴 안으로 몰아넣고, 수컷들은 바깥에 있는 마당에 남겨 두었지요. 그리고 나서 엄청나게 크고 무거운 돌덩이를 집어 들어 동굴 입구를 막아 버렸습니다.

거인이 우리를 발견하고 말했어요.

"나그네들이여! 너희들은 누구며 어디에서 왔는가? 너희들은 장사를 하는 것인가, 아니면 정처 없이 바다 위를 떠돌아다니는 것인가?"

내가 말했습니다.

"우리는 혹시 그대가 우리를 환대해 주거나 아니면 손님의 당연한 권리인 선물을 줄까 해서 이리로 왔소. 그대는 신을 두려워하시오. 제우스께서는 나그네들의 보호자이시며 존중받아 마땅한 손님들과 함께하는 손님들의 신이시니 말이오."

"이봐, 나그네! 나더러 신들을 두려워하라니 너는 어리석거나 멀리서 왔나 보군. 우리 키클롭스들은 제우스도, 신들도 아랑곳하지 않아. 우리가 훨씬 더 강력한데, 뭐."

거인은 벌떡 일어서더니 두 손을 내밀어 한꺼번에 전우 두 사람을 움켜쥐더니 땅바닥에 내리쳤습니다. 그러더니 사자처럼 남김없이 먹어 치워 버렸습니다. 이 끔찍한 광경을 보고 우리는 울면서 어떻게 할지 몰라 눈앞이 캄캄해졌지요.

이른 아침에 거인은 한꺼번에 전우 두 명을 움켜쥐더니 식사를 준비했습니다. 식사를 마치자, 그자는 큰 돌덩이를 가볍게 치우더니 작은 가축들을 동굴 밖으로 내보냈습니다. 그러고 나서 그 돌문을 제자리에 도로 갖다 놓았지요.

나는 거인에게 포도주를 주어 취하게 했습니다. 우리는 끝이 뾰족한 직선 모양의 올리브나무 말뚝으로 거인의 눈을 멀게 했어요. 거인은 괴로워서 두 손을 버둥댔지요. 우리는 눈먼 거인이 동굴 밖으로 내보내는 가축의 배에 매달려 동굴을 빠져나왔습니다.

배를 타고 섬을 떠나면서 나는 키클롭스를 조롱했습니다.

"네가 동굴에서 잡아먹으려 한 사람들은 결코 허약한 자의 전우들이 아니었다. 네 잘못이 너를 따라잡게 된 것이다."

"치욕스럽게도 네 눈이 멀어 버린 일에 대해 묻는 사람이 있거든, 너를 눈멀게 한 것은 오디세우스라고 말해라."

키클롭스는 울부짖었습니다.

"포세이돈이시여! 오디세우스가 집에 돌아가지 못하게 해 주소서. 만약 그가 고향에 갈 운명이라면 전우들을 다 잃고 아주 비참하게 남의 배를 얻어 타고 돌아가게 하시고 집에 가서도 고통받게 해 주소서!"

문해력을 높여 주는 어휘

조	롱
嘲	弄

➡ 비웃거나 깔보면서 놀림

➡ 예 그녀는 그들의 **조롱**을 감수했다.

직	선
直	線

➡ 꺾이거나 굽은 데가 없는 곧은 선

➡ 예 평행하는 두 **직선**은 결코 만날 수 없다.

오	만
傲	慢

➡ 태도나 행동이 건방지거나 거만함. 또는 그 태도나 행동

➡ 예 그의 **오만**한 말에 그녀는 분노했다.

배경지식

1 《오디세이아》는 어떤 책일까?

《오디세이아》는 대략 기원전 12세기 트로이 전쟁이 배경이에요. 고대 그리스 연합과 트로이 사이에 전쟁이 일어났는데, 이 전쟁은 10년 동안 이어집니다. 전쟁이 끝나지 않자, 그리스인들은 힘으로는 더 이상 어떻게 해볼 수 없다고 생각해요. 그들은 전쟁을 그만두고 물러나는 척하면서 거대한 목마를

선물인 것처럼 두고 떠나요. 트로이인들은 이 목마를 선물로 여기고 성으로 끌고 들어갑니다. 그 속에는 그리스군이 숨어 있었고, 그들은 트로이인들이 승리의 기쁨에 취해 잔치를 벌이고 잠들 무렵 성문을 엽니다. 10년 동안 열지 못한 문을 하룻밤 사이에 열어 버린 것이지요. 이 트로이 목마의 꾀를 낸 사람이 바로《오디세이아》의 주인공 오디세우스입니다.

《오디세이아》는 오디세우스가 고향으로 돌아가는 이야기입니다. 오디세우스가 고향으로 돌아가는 길은 고난의 연속이에요. 수많은 괴물, 마녀, 풍랑 등을 만나게 됩니다. 그런 시련 중 하나가 키클롭스와의 갈등이었어요.

오디세우스는 키클롭스의 저주대로 전우들을 모두 잃고 혼자 고향에 돌아갑니다. 고향에서 왕이었던 자기 자리를 되찾기 위해 많은 고생을 하지만, 결국 왕의 지위와 가족들을 모두 되찾게 됩니다.

② 고대 그리스 문학에서 '손님'의 의미

오디세우스는 키클롭스를 만나러 가면서 그가 "손님에게 친절하고 신을 두려워하는지" 알고 싶다고 말합니다. 여기서 왜 손님과 신의 이야기가 나올까요?

고대 그리스인들은 제우스를 최고의 신으로 여겼습니다. 그리스인들은 제우스 신이 인간 세상에 올 때 허름한 차림의 손님으로 찾아온다고 믿었어요. 제우스가 언제 손님으로 변해서 올지 모르기 때문에 그리스인들은 항상 손님을 친절하게 대했다고 합니다. 손님에게 친절하다는 것은 제우스 신을 잘 모신다는 말이었지요. 그리스인으로서 기본적인 예절과 교양이 있다는 의미

이기도 합니다.

그런데 오디세우스가 굳이 위험을 무릅쓰고 이런 궁금증을 해결해야만 했을까요? 오디세우스의 행동은 단순한 호기심 때문은 아닐 거예요. 자기 문화가 더 위대하다는 교만함, 자만심 때문이라고 볼 수도 있습니다.

고전 필사하기

네가 동굴에서 잡아먹으려 한 사람들은 결코 허약한 자의

전우들이 아니었다. 네 잘못이 너를 따라잡게 된 것이다.

네가 동굴에서 잡아먹으려 한 사람들은 허약한 자의

전우들이 아니었다. 네 잘못이 너를 따라잡게 된 것이다.

▶▶▶ 오디세우스가 키클롭스에게서 벗어나면서 조롱한 말이에요. 키클롭스에게 전우들을 잃고 분했던 오디세우스가 그에게 통쾌하게 복수하면서 "너의 잘못이 너를 눈멀게 한 거야"라고 말하고 있어요. 하지만 이렇게 키클롭스를 놀리다가 오디세우스는 오히려 더 큰 저주를 받게 된답니다.

이해력을 높여 주는 질문

1 오디세우스는 왜 굳이 키클롭스를 만나려고 했을까요?

----

2 오디세우스는 섬을 떠나면서 왜 키클롭스를 조롱했을까요? 그 결과는 어떻게 되었을까요?

생각을 키워 주는 글쓰기

1 어떻게 오디세우스는 힘세고 거대한 키클롭스를 혼낼 수 있었을까요?

오디세우스가 키클롭스에게 무엇을 주었는지 생각해 보세요.

생각을 키워 주는 글쓰기

② 인간은 왜 교만함과 자만심을 이기지 못할까요?

내가 어떤 일을 잘해서 우쭐했던 기억을 떠올려 보세요. 칭찬을 받으면 어떤 마음이 드는지 생각해 보세요.

세상을
지혜롭게
살아가라

《이솝 우화》

고전 읽기

사자 가죽을 입은 당나귀와 여우

당나귀가 사자 가죽을 입고는 마치 제가 사자인 것처럼 돌아다니며 다른 동물들을 놀라게 했다. 여우는 전에 당나귀의 목소리를 들은 적이 있어서 사자 가죽을 쓴 게 당나귀라는 사실을 알아챘다. 여우가 당나귀에게 말했다.

"잘 알아 둬. 내가 네 울음소리를 들은 적이 없다면 나도 너를 두려워했겠지."

좋은 것과 나쁜 것

좋은 것은 강하지 않아서 나쁜 것에 쫓겨나 하늘로 올라가 버렸다.

나쁜 것은 사람들과 가까이 지내기 때문에 늘 사람들을 공격한다. 하지만 좋은 것은 저 높은 하늘에서 이따금 하나하나 내려와야 한다. 그래서 나쁜 것보다 드물게 사람들을 찾아가는 것이다.

말과 소와 개와 사람

사람은 제우스와 말, 소, 개에게 생명을 받았다. 사람은 제우스가 준 수명을 사는 기간, 즉 어린 시절에는 신과 같이 순수하고 착하다. 하지만 말이 준 수명을 사는 기간, 즉 젊은 시절에는 마치 말과 같이 허풍을 치며 우쭐댄다. 또한 소가 준 수명을 사는 기간, 즉 장년에는 마치 소처럼 태도가 당당해지고, 개의 수명, 즉 노년에 이르면 마치 개가 짖듯이 성을 잘 내고 투덜댄다.

말과 전사

어떤 전사가 전쟁이 계속되는 동안 말에게 보리를 먹였다. 전쟁이 끝나자 말은 짚만 먹게 되었다. 영양가 없는 먹이만 먹던 말은 기운이 없어서 자꾸만 넘어졌다. 전사가 말에게 왜 이렇게 기운이 없냐고 나무랐다. 말이 대답했다.

"주인님은 저를 말에서 당나귀로 바꿔 놓으시더니 왜 다시 당나귀에서 말로 바꾸려 하시나요?"

두 개의 자루

프로메테우스는 사람들을 돌보는 신이었다. 프로메테우스는 사람들에게 다른 사람의 흉이 든 자루를 앞에 달아 주고, 다른 자루는 뒤에 달아 주었다. 그래서 사람들은 다른 사람의 흉은 잘 볼 수 있지만, 자기 잘못이나 단점은 제대로 알지 못하는 것이다.

프로메테우스와 사람들

제우스는 생명을 만든 후 수를 세어 보았다. 동물이 사람보다 훨씬 많은 것을 보고 동물의 수는 줄이고 사람의 수는 늘려야겠다고 생각했다. 그래서 일부 동물을 사람으로 바꾸었다. 그 결과 처음에는 사람이 아니었던 존재가 사람의 모습에 동물의 혼을 지니게 되었다.

멧돼지와 말과 사냥꾼

말과 멧돼지 사이에 다툼이 났다. 말은 멧돼지에게 앙심을 품었다. 말은 멧돼지에게 앙갚음하려고 사냥꾼에게 도움을 청했다. 사냥꾼은 말에게 고삐를 매고 사냥꾼을 등에 태우지 않으면 도울 수 없다고 말했다. 말은 멧돼지에게 앙갚음할 생각에 사냥꾼의 요구를 모두 받아들였다. 사냥꾼은 말 등에 올라 멧돼지를 혼내 주었다. 그리고 말을 집으로 몰고 가 마굿간에 매어 버렸다. 말은 더 이상 자유롭게 다닐 수 없게 되었다.

문해력을 높여 주는 어휘

수	명
壽	命

➡ 생물이 살아 있는 연한

➡ 예 지나친 흡연은 **수명**을 줄게 한다.

허	풍
虛	風

➡ 실제보다 지나치게 과장하여 믿음성이 없는 말이나 행동

➡ 예 그의 **허풍**에 모두 웃음을 터뜨렸다.

앙	갚	음
앙	갚	음

➡ 남이 저에게 해를 준 대로 저도 그에게 해를 줌

➡ 예 **앙갚음**은 또 다른 앙갚음을 낳는다.

배경지식

1 《이솝 우화》는 어떤 책일까?

《이솝 우화》에는 동물들이 주인공으로 나와요. 짧은 이야기들을 여러 편 묶어 두었어요. 이야기 하나하나에서 각각의 교훈을 얻을 수 있어요.

《이솝 우화》의 교훈은 착하고 도덕적으로 살라는 것도 있지만, 세상을 어떻게 지혜롭게 살아야 하는지에 대한 내용도 많이 있어요. 예를 들어, "상대

방이 나에게 나쁘게 할 때는 굳이 끝까지 좋은 것을 베풀기만 할 필요는 없다", "우직하고 성실하게 일하는 것보다 똑똑하게 일하는 것이 좋다", "때로는 거짓말도 필요하다"와 같은 것입니다. 그래서 어린이들을 위한 이야기라기보다 어른들을 위한 이야기라고 하는 사람들도 있어요.

《이솝 우화》에는 제우스, 프로메테우스와 같은 그리스 신화의 신들이 등장해요. 그래서 많은 사람들이 이솝을 그리스인, 혹은 그리스 문화권에서 살았던 사람이라고 생각하고 있어요.

② 작가 '이솝'은 어떤 사람일까?

《이솝 우화》의 작가로 알려진 이솝이 워낙 오래전 사람이다 보니 정확한 정보를 알기 힘들어요. 하지만 사람들에게 전해진 내용에 따르면 매우 못생기고, 말을 더듬었다고 해요. 헤로도토스라는 역사가는 이솝을 기원전 6세기에 살았던 인물이며, '사모스'라는 섬에서 노예로 일했다고 전해요.

이솝이 노예로 일할 때 꾀를 내어 자기 짐의 무게를 줄인 이야기가 전해져요. 이솝과 다른 노예들이 짐을 나르게 되었는데, 이솝은 제일 무거워 보이는 짐을 들었어요. 다른 노예들은 신났겠지요. 누군가를 대신해서 가장 무거운 짐을 들었으니까요. '왜 굳이 가장 무거운 짐을 들려고 하는 거지?' 하고 뒤에서 이솝을 비웃었는지도 몰라요.

그런데 이솝이 고른 짐은 노예들이 이동하면서 먹을 식량을 담은 것이었어요. 노예들이 식사를 마칠 때마다 이솝이 들었던 짐은 점점 가벼워졌지요. 다른 노예들이 처음부터 끝까지 똑같은 무게의 짐을 힘들게 나를 때, 이솝은 처음에는 힘들어도 가면 갈수록 짐의 무게를 줄일 수 있게 되었답니다.

이솝은 이야기를 잘해서 사람들에게 인기가 많았지만, 결국 처형당해 죽었어요. 정확한 이유는 모르지만 물건을 훔쳐서 처형당했다고도 하고, 신을 모욕했다는 죄명으로 죽었다고도 합니다.

고전 필사하기

내가 네 울음소리를 들은 적이 없다면 나도 너를 두려워했겠지.

내가 네 울음소리를 들은 적이 없다면 나도 너를 두려워했겠지.

▶▶▶ 두려움은 두려운 대상이 무엇인지 정확히 알지 못하기 때문에 더 커지곤 해요. 제대로 알고 나면 그렇게 두려울 게 없어요. 여우는 당나귀의 울음소리를 듣고 사자 가죽 밑에 당나귀가 있다는 사실을 알았어요. 그래서 겉으로 보이는 사자의 모습에 놀라지 않았답니다.

이해력을 높여 주는 질문

1 좋은 일이 자주 일어나지 않는 것 같다면, 왜 그런 걸까요?

---

2 멧돼지를 혼내 주려는 말처럼 남에게 의존하려고 하면 어떤 일이 생길까요?

생각을 키워 주는 글쓰기

1 전쟁 시기에만 좋은 먹이를 주는 전사처럼, 나를 도구로 이용만 하려는 사람을 어떻게 대하면 좋을까요?

나를 진심으로 대하지 않고 이용하려는 사람이 있다고 상상해 보세요.

생각을 키워 주는 글쓰기

2 다른 사람의 단점만 보지 않고, 나의 단점을 잘 보고 고치려면 어떻게 하면 좋을까요?

자기 자신을 천천히 살펴볼 수 있는 시간이 언제일지 생각해 보세요.

모르는 것을
모른다고
인정하라

《소크라테스의 변명》

고전 읽기

내 친구 카이레폰은 언젠가 델포이 신전에 찾아갔습니다. 그는 "소크라테스보다 더 지혜로운 사람이 있는가?" 하고 물었습니다. 그러자 그곳 무녀는 나보다 지혜 있는 자는 아무도 없다고 대답했습니다. 나는 그 이야기를 전해 듣고 속으로 이렇게 생각했지요.

'신은 도대체 나에게 무슨 말을 하려는 걸까? 무슨 수수께끼를 내는 것일까? 나는 내가 결코 지혜로운 사람이 아니라는 사실을 알고 있는데 말이야. 그렇다면 나를 가장 지혜로운 자라고 선언함으로써 대체 신은 무슨 말을 하려는 것일까? 신이라면 적어도 거짓말을 할 이유가 없다. 왜냐하면 그것은 신으로서 있을 수 없는 일이기 때문이다.'

나는 정치가를 찾아갔습니다. 그 사람을 상대로 묻고 대답하면서 관찰했지요. 그런데 결과는 실망스러웠습니다.

'이 사람은 지혜 있는 사람이라고 알려졌다. 그리고 자기가 가장 지혜롭다고 생각하고 있다. 하지만 실제로는 그렇지 않구나.'

그래서 그 뒤로 나는 그가 스스로 지혜로운 사람인 줄로 알고 있지만, 그렇지 않다는 것을 똑똑히 알리려고 애썼던 것입니다. 그런데 그 결과 나는 그의 미움을 샀습니다. 그리고 그 자리에서 내 말을 듣던 사람들도 나에게 좋지 않은 감정을 갖게 되었습니다. 나는 그와 헤어져 돌아오면서 생각했습니다.

'나는 이 사람보다 지혜롭다. 그 사람도 나도 사실상 아름다움이나 선을 모른다. 하지만 그는 자기가 무언가 알고 있다고 생각한다. 반면에 나는 모르니까 그대로 모른다고 생각한다. 즉 나는 모르는 것을 모른다고 깨달았다. 오직 그 사실만으로 그보다 더 지혜로운 것이다.'

나는 사람들과 묻고 답하면서 가장 유명한 사람들이 오히려 어리석으며, 그다지 큰 존경을 받지 못하는 사람들이 오히려 더 현명하고 더 훌륭하다는 사실을 알 수 있었습니다.

아테네 시민 여러분! 이런 행동으로 인해 나는 최악이며 가장 위험한 적을 만들었고, 동시에 지혜로운 사람으로 널리 알려지게 되었습니다. 나는 지금도 여기저기 돌아다니면서 이 나라 사람이건 다른 나라 사람이건 적어도 지혜가 있는 사람이라고 생각되는 사람을 찾아가서 질문과 대답을 나누고 있습니다.

그리하여 지혜가 있다고 여겨지지 않을 때는 그 사람이 지혜 있는 자가 아니라는 것을 밝혔지요. 그리고 이 일로 바빠서 나랏일이건 집안일이건 가치 있는 무엇을 할 여유가 없습니다. 그래서 무척 가난하게 살고 있습니다만, 이것도 다만 신을 섬기기 위한 것입니다.

문해력을 높여 주는 어휘

무	녀
巫	女

➡ 여자 무당

➡ 예 **무녀**들의 춤은 멋들어지게 덩실거렸다.

선	언
宣	言

➡ 널리 펴서 말함. 또는 그런 내용

➡ 예 이제 개회를 알리는 **선언**이 있겠습니다.

실	망
失	望

➡ 바라던 일이 뜻대로 되지 아니하여 마음이 몹시 상함

➡ 예 매번 **실망**을 주어 미안하다.

배경지식

1 소크라테스는 누구인가?

소크라테스는 고대 그리스의 철학자로, 아테네에서 태어났습니다. 그는 아테네를 무척이나 사랑했던 철학자였어요. 하지만 아테네 시민들이 힘과 돈을 추구하고 정의로움이나 탁월함을 멀리하는 모습을 보면서 올바른 삶에 대해 고민했어요.

소크라테스는 어떤 정답을 갖고 사람들을 가르치지 않았어요. 그는 아테네 시민들과의 문답을 통해서 사람들이 실제로는 아는 것이 없다는 것을 깨닫게 하려고 노력했어요. 사람들이 자기가 알지 못한다는 사실을 깨달아야 진정한 앎을 향해 나아갈 수 있다고 생각했지요.

그래서 소크라테스는 대화를 통해 상대방이 자기가 알지 못한다는 사실을 깨닫게 하고, 도덕적인 탁월함을 추구하도록 힘썼어요. 이런 소크라테스의 모습에 일부 사람들은 분노했어요. 결국 그는 아테네에서 믿는 신을 믿지 않고, 청년들을 타락시킨다는 혐의로 고발을 당하게 됩니다.

고발당한 후 소크라테스가 법정에서 변론한 내용은《소크라테스의 변명》에 잘 나와 있어요. 소크라테스는 다수결로 인한 판결에서 사형을 선고받고 결국 독배를 받아 죽고 말아요.

2 아테네 시민들은 왜 소크라테스에게 사형을 선고했을까?

소크라테스는 아테네 시민들을 붙잡고 끊임없이 질문을 했습니다. 열린 마음을 가진 사람들은 그와 대화하면서 자기가 무지하다는 깨달음을 얻었지만, 그렇지 않은 사람들은 화를 냈어요. 그리고 젊은이들이 소크라테스의 영향으로 부모들의 무지를 일깨워 주려고 하니 기분이 좋았을 리가 없었지요.

아테네는 스파르타와 전쟁을 했어요. 그래서 아테네인들은 스파르타를 아주 싫어했어요. 그런데 소크라테스의 제자 중에는 스파르타로 망명한 알키비아데스, 크세노폰이 있었어요. 사람들은 적국으로 간 소크라테스의 제자들을 보면서 소크라테스도 의심했지요.

아테네는 원래 민주정이었는데 잠깐 스파르타의 조종을 받아 정치 제도가 바뀌었어요. 적은 수의 우두머리가 국가를 다스리는 과두정으로 말이죠. 이때 과두정의 우두머리가 한때 소크라테스의 제자였던 크리티아스였어요. 과두정과 민주정 지지자들 사이에 다툼이 많았고, 사람들은 누군가에게 잘못을 돌리고 싶어 했어요. 그래서 일부 아테네인들은 소크라테스에게 그 잘못을 책임지게 해야 한다고 생각했어요.

소크라테스는 평소에 스파르타를 높이 평가했어요. 스파르타인들은 국가 중심으로 똘똘 뭉쳤고, 사치스럽지도 않았으며, 욕심을 절제했어요. 소크라테스는 개인적인 이익을 초월하여 훌륭한 삶을 살려는 스파르타인들을 긍정적으로 보았어요. 하지만 아테네인들은 원수의 나라 스파르타를 찬양하는 듯한 소크라테스의 모습에 분노했지요.

나는 모르는 것을 모른다고 깨달았다.

오직 그 사실만으로 그보다 더 지혜로운 것이다.

나는 모르는 것을 모른다고 깨달았다.

오직 그 사실만으로 그보다 더 지혜로운 것이다.

▶▶▶ 사람들은 깊이 생각하지 않고 받아들인 것을 바탕으로 스스로 알고 있다고 착각하는 경우가 많아요. 하지만 소크라테스는 자기가 알고 있는 것에 대해 정말로 알고 있는 것이 맞는지 끊임없이 질문했어요. 그는 자기가 어떤 사실을 정확하게 알지 못한다는 그 깨달음만으로도 지혜롭다고 생각했어요.

이해력을 높여 주는 질문

1 소크라테스가 정치가보다 자기가 더 지혜롭다고 확신하게 된 이유는 무엇인가요?

_____

_____

_____

_____

2 소크라테스를 싫어하던 사람들은 어떤 이유로 그를 싫어했을까요?

_____

_____

_____

_____

생각을 키워 주는 글쓰기

1 모르는 것을 모른다고 말하기가 왜 힘들까요?

모른다고 했을 때 다른 사람이 나를 어떻게 생각할지 떠올려 보세요.

생각을 키워 주는 글쓰기

❷ 왜 소크라테스는 자신은 가난하게 살면서까지 다른 사람들의
무지를 깨우쳐 주기 위해 노력했을까요?

소크라테스가 무엇을 가장 중요하게 생각한 사람일지 생각해 보세요.

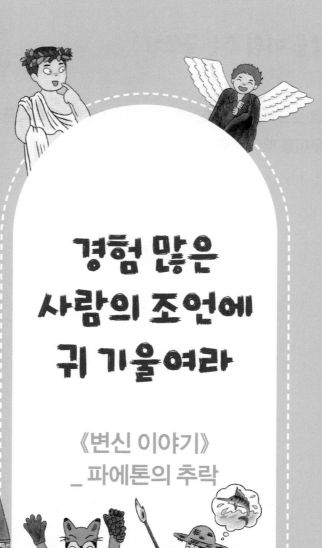

경험 많은
사람의 조언에
귀 기울여라

《변신 이야기》
_ 파에톤의 추락

저자 소개 오비디우스(기원전 43 ~ 기원후 17?)

고대 로마의 시인이에요. 뛰어난 재능으로 황제의 총애와 대중의 사랑을 한 몸에 받았지만, 황제의 노여움을 사서 멀리 흑해 연안으로 추방당했어요. 《변신 이야기》, 《사랑의 기술》 등의 작품을 남겼어요.

고전 읽기

파에톤은 태양신과 요정 클리메네 사이에서 태어난 아들이었다. 어머니와 살던 파에톤은 아버지를 직접 본 적이 없었다. 하루는 한 친구가 태양신의 아들이라면 증명해 보라고 모욕했다. 파에톤은 화도 나고 부끄럽기도 했다.

파에톤은 태양신이 있는 곳을 향해 길을 떠났다. 태양신의 궁전은 금과 같은 보석으로 반짝이고, 천장은 윤이 나는 상아로 만들어져 있었다. 출입문은 은으로 되어 있어서 바라보기만 해도 눈이 부셨다. 화려한 궁전이었다.

많은 시종을 거느린 태양신은 자기를 찾아온 청년을 바라보았다. 그리고 무슨 일로 왔냐고 물었다. 파에톤은 대답했다.

"영원한 이 세상의 빛인 아버지, 제발 제가 당신의 아들이라는 사실을 증명할 수 있도록 증거를 보여 주십시오."

이렇게 말하고 파에톤은 조마조마한 마음으로 태양신의 대답을 기다렸다. 태양신은 그를 끌어안으며 말했다.

"너는 틀림없는 내 아들이다. 네 의심을 풀기 위해 무엇이든 원하는 선물을 줄 테니 내게 말해 보아라. 스틱스강을 증인으로 세울 수도 있다."

파에톤은 태양신이 몰고 다니는 바퀴 두 개 달린 마차를 하루만 탈 수 있게 해 달라고 했다. 태양신은 무엇이든 들어주겠다고 한 약속을 몹시 후회하며 몇 번이나 고개를 가로저었다.

"아들아, 내가 너무 생각 없이 말했구나. 그 부탁만은 들어줄 수가 없다. 다른 부탁을 해 주면 고맙겠구나. 그 부탁을 들어주면 오히려 너에게 해가 될지도 모른다. 인간의 몸으로 태양신의 마차를 몬다는 건 너무 벅찬 일이다. 너는 인간인데도 인간의 힘을 넘어서는 일을 원하고 있구나. 너는 신들도 감히 생각조차 못 하는 일을 하려고 하는 것이다. 나 이외에는 누구도 저 마차를 몰 수 없다. 제우스조차도 말이다."

하지만 파에톤은 뜻을 굽히지 않았다.

"잘 생각하거라. 내가 만약 너에게 내 마차를 타게 한다면, 네 생명이 위험해진다. 아직 늦지 않았으니 그 부탁을 취소하거라. 이렇게 내가 너를 걱정하는 마음이 네가 나의 아들이라는 증거가 아니겠느냐. 나를 자세히 보아라. 네가 내 가슴속을 들여다볼 수만 있다면, 너는 한 아버지의 사랑을 볼 수 있을 것이다.”

하지만 태양신이 아무리 알아듣게 설명해도 파에톤은 도무지 들으려고 하지 않았다. 태양신은 하는 수 없이 마차가 서 있는 곳으로 파에톤을 데리고 갔다. 태양신은 아들의 얼굴에 화염에도 견딜 수 있는 약을 발라 주었다.

“얘야, 잘 들어라. 적어도 이것 한 가지만은 아비의 말을 명심하여야 한다. 될 수 있는 한 채찍질을 하지 말거라. 그리고 고삐는 꼭 쥐고 있어야 한다. 말들이 제멋대로 달리니까 제어하기가 무척 힘들단다. 하늘에 수레바퀴 자국이 있으니, 그것만 따라가면 될 것이다. 저 하늘과 땅이 모두 적당한 열을 받게 하려면 중간을 날아야 한다. 너무 높이 날면 하늘 궁전을 모두 태워 버리게 될 것이다. 그렇다고 너무 낮게 날면 땅에 불이 붙을 것이다. 나는 너를 운명에 맡긴다. 행운을 바라는 마음이 간절하구나.”

마침내 파에톤을 태운 태양신의 마차가 출발했다. 말들은 제멋대로 달렸고 당연히 평소에 다니던 길을 벗어났다. 파에톤은 당황했다. 어떻게 해야 할지 막막했다. 설령 알았다고 하더라도 힘이 부족했다. 하늘의 별자리가 불에 그슬렸다. 파에톤은 정신을 잃고 고삐를 놓치고 말았다. 구름은 연기를 내기 시작했고, 산꼭대기에는 불이 붙었다. 들은 바싹 마르고, 곡식은 시들고, 추수한 곡식은 불타 버렸다. 큰 도시의 성곽과 탑들은 순식간에 잿더미로 변하였고, 사람들도 재로 변했다. 파에톤은 온 세상이 불바다가 된 것을 보았고, 자신도 뜨거운 연기 때문에 견딜 수 없게 되었다.

제우스가 이 광경을 보고 번쩍이는 번개를 파에톤에게 던졌다. 제우스의 번개에 맞은 파에톤은 마차에서 떨어지고 말았다.

문해력을 높여 주는 어휘

후	회
後	悔

➡ 이전의 잘못을 깨치고 뉘우침
➡ 예 다 지나간 일인데 **후회**를 한들 무슨 소용이 있겠는가.

고	삐
고	삐

➡ 말이나 소를 몰거나 부리려고 재갈이나 코뚜레, 굴레에 잡아매는 줄
➡ 예 **고삐**와 안장이 없이는 말을 타기 힘들다.

제	어
制	御

➡ 상대편을 억눌러서 제 마음대로 다룸
➡ 예 장군이 아니면 사나운 병사들을 **제어**할 수 없습니다.

배경지식

1 《변신 이야기》는 어떤 책일까?

고대에 그리스 로마 신화는 입에서 입으로 전해져 내려왔어요. 이런 내용을 정리한 작가들이 있었는데, 그중 대표적인 작가가 오비디우스에요. 오비디우스는 '변신'이라는 주제를 중심으로 총 15권으로 나누어 그리스 로마 신화를 정리했답니다.

《변신 이야기》에는 250가지가 넘는 이야기가 소개되어 있어요. 세상과 인간의 창조에서부터 율리우스 카이사르까지 신과 인간의 다채로운 이야기 속에서 그들의 사랑, 질투, 분노, 욕망 등 다양한 모습을 발견할 수 있답니다.

《변신 이야기》 속의 이야기는 2,000년이 넘게 문학, 미술 등 다양한 분야의 작품에 영향을 주었어요. 단테, 셰익스피어, 괴테, 바이런 등 헤아릴 수 없이 많은 작가가 《변신 이야기》의 영향을 받았지요.

2 스틱스강은 어떤 의미일까?

파에톤의 아버지 태양신이 "스틱스강을 증인으로 내세울 수 있다"라고 말하는 장면이 나옵니다. 스틱스강은 그리스 신화에서 인간의 세상과 죽은 자들의 세계인 저승의 경계를 흐르는 강이에요. 이 강은 저승을 아홉 번 휘감아 흐른다고 알려져 있지요.

스틱스강을 건넌다는 것은 이승을 떠나 저승으로 간다는 말이에요. 즉 죽음을 의미하지요. 플레기아스라는 뱃사공이 죽은 사람을 이승에서 저승으로 보내 준다고도 하고, 뱃사공 카론이 그 일을 한다고도 해요.

스틱스강에 맹세하면 그리스 로마 신화 속 최고의 신 제우스라고 해도 어길 수 없어요. 스틱스를 여신으로 묘사하기도 하는데, 여신 스틱스가 제우스 형제와 거인족 티탄의 전투에서 제우스를 도와 승리하게 해 주었어요. 그 공을 인정해, 그녀의 이름을 걸고 맹세할 수 있게 했는데, 그 맹세는 어길 수 없었지요. 파에톤의 이야기에서 태양신도 아들 파에톤에게 무슨 소원이든 들어준다는 맹세를 했고, 그래서 그 맹세를 지킬 수밖에 없었어요.

스틱스강을 걸고 한 맹세를 어긴다면 신들도 벌을 받았어요. 맹세를 어긴 신은 1년 동안 말을 할 수 없었고, 9년 동안 신들의 회의에 초대받지도 못했어요. 만약 죽은 인간이 스틱스강에 걸고 한 맹세를 어긴다면 저승에서 가장 밑바닥에 있는, 지옥과도 같은 타르타로스로 떨어지게 된답니다.

이렇게 무시무시한 스틱스강이지만, 그 강에 몸을 담그는 인간에게 신비한 능력을 주기도 했어요. 바로 불멸의 몸을 주었지요. 그리스 신화의 영웅 아킬레우스는 어릴 때 어머니인 여신 테티스가 그의 몸을 스틱스강에 담가 죽지 않는 몸을 얻었어요. 하지만 어머니가 한 손으로 그의 발뒤꿈치를 잡고 강에 넣어서 그 부분이 약점이었지요. 아킬레우스는 결국 발뒤꿈치에 화살을 맞고 죽게 되었답니다.

고전 필사하기

이렇게 내가 너를 걱정하는 마음이

네가 나의 아들이라는 증거가 아니겠느냐.

이렇게 내가 너를 걱정하는 마음이

네가 나의 아들이라는 증거가 아니겠느냐.

▶▶▶ 부모님은 자식이 몸을 다치거나 해를 입을까 항상 걱정하십니다. 태양신도 아들 파에톤이 태양신의 마차를 몰다가 다칠까 걱정하고 있어요. 하지만 파에톤은 걱정하는 마음은 자기가 태양신의 아들이라는 증거로 충분하지 않다고 생각해서 더 확실한 증거를 요구하지요.

이해력을 높여 주는 질문

1 태양신은 자신이 파에톤에게 무슨 소원이든 들어주겠다고 한 것을 왜 후회하게 되었나요?

----

2 파에톤은 왜 위험한 소원을 들어달라고 했을까요?

생각을 키워 주는 글쓰기

1 다른 사람의 조언을 들어야 할 때는 언제이고, 참고는 하되 내 생각대로 해도 될 때는 언제일까요?

다른 사람들이 항상 정답을 알려 주는 것은 아니에요. 하지만 경험 많은 사람들의 조언은 어떻게 하면 좋을지 생각해 보세요.

---

2 파에톤을 위험하게 한 것은 그의 어떤 마음 때문이었을까요?

파에톤이 아버지가 진심으로 말려도 계속 마차를 몰려고 한 이유를 생각해 보세요.

경험에서
깨달음을
얻어라

《변신 이야기》
_ 어리석은 미다스

저자 소개 **오비디우스**(기원전 43 ~ 기원후 17?)

고대 로마의 시인이에요. 뛰어난 재능으로 황제의 총애와 대중의 사랑을 한 몸에 받았지만, 황제의 노여움을 사서 멀리 흑해 연안으로 추방당했어요. 《변신 이야기》, 《사랑의 기술》 등의 작품을 남겼어요.

고전 읽기

포도주의 신 바쿠스의 양아버지 실레노스가 술에 취해 비틀거리다가 농부들에게 잡혔다. 농부들은 실레노스를 미다스 왕에게 데리고 갔다. 미다스는 열흘 밤 열흘 낮 잔치를 벌여 실레노스를 잘 대접했다.

왕은 11일째에 실레노스를 바쿠스에게 보내 주었다. 그러자 바쿠스는 양아버지가 무사히 돌아온 사실에 기뻐하며 미다스에게 소원을 하나 들어주기로 했다. 하지만 그것은 즐겁지만 이롭지 않은 선물이었다. 선물을 악용할 운명을 타고난 왕은 "내 몸에 닿는 것은 무엇이든 황금으로 변하도록 해 주십시오!"라고 말했다.

바쿠스는 그의 소원대로 선물을 주며 미다스가 더 좋은 것을 원하지 않은 것을 안타까워했다.

미다스는 즐거운 마음으로 자신의 재앙을 기뻐했다. 그는 떡갈나무에서 푸른 가지를 하나 꺾었다. 가지는 곧 황금이 되었다. 그는 땅에서 돌멩이를 하나 집어 들었다. 돌멩이는 곧 금빛으로 빛났다. 이어 흙덩이를 만졌다. 흙덩이는 바로 금괴가 되었다. 그는 나무에서 사과를 하나 따서 손에 들었다. 사과는 곧 황금 사과가 되었다.

만지는 모든 물건이 황금으로 변한다고 상상하자 그는 너무나 기뻤다. 하지만 곧 문제가 생겼다. 그가 빵에 손을 대면 빵은 굳어졌다. 그리고 음식을 먹으려고 하면 그의 이빨에 씹히는 것은 얇은 황금 조각뿐이었다. 포도주를 깨끗한 물에 타 마시려 하자 녹은 금이 목구멍으로 흘러내렸다. 미다스는 이 이상한 재앙에 깜짝 놀랐다. 아무리 부자라도 먹고 마시지 못하면 무슨 소용이랴. 그는 자기가 어리석은 소원을 빈 것을 후회했다. 아무리 많은 음식도 그의 배를 채워 주지 못했고, 타는 듯이 목말랐다.

"바쿠스 신이시여, 어리석은 저를 불쌍히 여기시어 이 번쩍이는 저주에서 구해 주소서!"

그가 죄를 지었음을 시인하자, 바쿠스는 그를 흐르는 강물에 씻게 했다. 미다스는 원래대로 돌아왔다.

미다스는 부유함에 진저리가 났다. 그래서 자연으로 눈을 돌렸다. 그는 숲과 들판을 찾아다니며, 산속 동굴에 사는 '판'이라는 신을 따랐다. 하지만 그는 여전히 미련하여 어리석음을 쉽게 벗어나지 못했다. 그의 어리석음은 다시 한번 그에게 해를 끼쳤다.

판은 지나치게 자신감 넘치는 신이었다. 그는 요정들 앞에서 제 노래를 뽐내며 갈대로 음악 연주를 하면서 음악의 신 아폴론의 음악도 자기만 못하다고 헐뜯었다. 화가 난 아폴론은 산신 트몰루스를 심판관으로 삼고 판과 시합을 했다.

판이 갈대를 연주하여 미다스의 마음을 녹였다. 이어서 아폴론이 현악기 키타라를 연주했다. 심판관인 트몰루스를 비롯한 모든 신과 요정들이 아폴론의 연주를 더 훌륭하다고 생각했다. 트몰루스는 당연히 아폴론의 승리를 선언했다.

하지만 미다스는 판의 연주가 더 뛰어나다며, 심판이 공정하지 못하다고 우겼다. 평소 판과 친한 미다스의 한쪽으로 치우친 주장에 모두가 눈살을 찌푸렸다. 아폴론은 그런 둔한 귀가 인간의 모습을 한 것을 참다못해 그 귀를 길게 늘였다. 그리고 그 귀를 굵고 거친 털로 채워 버렸다.

미다스는 다른 부분에서는 모두 인간이었으나 귀만은 당나귀가 되어 버렸다. 그는 부끄러워 이 사실을 감추고 싶었다. 그래서 항상 특별히 만든 자주색 모자를 쓰고 다녔다.

하지만 모든 사람을 속일 수는 없었다. 미다스의 머리를 깎아 주는 하인이 그 귀를 보았다. 하인은 차마 그 사실을 말할 수가 없었다.

하지만 누군가에게 비밀을 털어놓고 싶었다. 그래서 하인은 외딴곳으로 가서 땅에 구덩이를 파고는 나직한 목소리로 그 구덩이에 대고 왕이 어떤 귀를 가졌는지 본 대로 말했다.

하인은 그러고 나서 구덩이를 흙으로 메웠다. 그런데 그곳에 갈대가 자라나기 시작했다. 갈대는 숲을 이루었고 키가 다 자라자, 바람이 불 때마다 왕의 귀가 당나귀 귀라는 비밀을 속삭였다.

문해력을 높여 주는 어휘

악	용
惡	用

➡ 알맞지 않게 쓰거나 나쁜 일에 씀
➡ 예 정보의 **악용**을 막기 위해 여러 가지 노력을 했다.

재	앙
災	殃

➡ 뜻하지 아니하게 생긴 불행한 변고. 또는 천재지변으로 인한 불행한 사고
➡ 예 하늘에서 **재앙**을 내리다.

현	악	기
絃	樂	器

➡ 현을 켜거나 타서 소리를 내는 악기. 가야금, 거문고, 바이올린, 첼로, 비올라 따위이다.
➡ 예 **현악기**의 줄은 잘 조율해 주어야 한다.

① '미다스의 손'은 어떤 의미일까?

'미다스의 손'은 마치 미다스 왕이 손대는 물건을 모두 황금으로 변하게 했듯이, 하는 일마다 모두 성공을 거두는 사람을 가리켜요.

《변신 이야기》에서 미다스의 손은 잘못된 소원을 빈 왕의 어리석음을 의미합니다. 오비디우스는 미다스가 생각을 깊게 하지 않고 끝없는 자기 욕심만을 채우려다가 인간답게 살아가지 못하는 모습을 비판하고 있어요.

하지만 오늘날에는 자기가 하는 모든 일에 성공한다는 긍정적인 의미로 쓰이고 있어요. 보통 사업이나 투자에서 크게 성공하는 사람을 가리키는 말이랍니다.

② '임금님 귀는 당나귀 귀' 이야기

미다스가 아폴론과 판의 대결에서 잘못된 판결을 내려 당나귀같이 긴 귀를 가지게 되는 이야기, 어디에서 들어본 것 같지 않나요? 이와 비슷한 이야기가 우리의 옛이야기에도 있어요. 바로 《삼국유사》에서 전하는 신라 경문왕 이야기예요.

신라의 48대 왕인 경문왕은 뛰어난 화랑이었어요. 그는 임금이 되고 나서 귀가 갑자기 길어졌어요. 임금은 당나귀 귀처럼 길어져 버린 모습이 너무 부끄러웠지요. 왕은 궁중의 모든 사람에게 이 사실을 숨겼어요. 하지만 왕의 두건을 만드는 사람에게만은 이 사실을 숨길 수 없었어요. 두건을 만들려면 왕의 머리와 귀를 볼 수밖에 없으니까요.

두건을 만드는 장인은 얼마나 답답했을까요? 혼자만 알고 있는 사실을 누구에게 알리고 싶었지만, 자칫하다가는 자기 목숨과 가족의 목숨도 위태로워질 수 있었기 때문에 이 사실을 숨겼지요.

그는 이 비밀을 평생 말하지 않다가, 죽을 때가 다 되어서 도림사라는 절에 있는 대나무 숲을 찾았어요. 사람이 없을 때 그는 대나무를 향해서 이렇게 소리쳤어요.

"우리 임금님 귀는 당나귀 귀!"

그 뒤로 바람이 불 때면 대나무 숲에서 그 장인이 외친 것과 같은 소리가 났어요. 경문왕은 당연히 이 소리를 싫어했고 대나무를 모두 베어 버렸어요. 그리고 그 자리에 산수유를 심었지요. 그런데 바람이 불면 산수유가 흔들리면서 여전히 이런 소리가 났다고 해요.

"우리 임금님 귀는 길다!"

신라는 예전부터 고대 그리스 국가들과 무역을 했다고 알려져 있어요. 신라 시대 유적을 보면 그리스 방식의 유리 세공품이나 보검 등을 찾아볼 수 있어요. 그리스와의 교류에서 그리스 로마 신화도 일부 알려져 신라에도 이런 이야기가 생겨난 것으로 볼 수 있어요.

고전 필사하기

바쿠스 신이시여, 어리석은 저를 불쌍히 여기시어

이 번쩍이는 저주에서 구해 주소서!

바쿠스 신이시여, 어리석은 저를 불쌍히 여기시어

이 번쩍이는 저주에서 구해 주소서!

▶ ▶ ▶ 미다스가 자기의 어리석음을 깨닫고 불행의 원인이 된 능력을 없애 달라고 울부짖는 장면입니다. 미다스는 저주에서 벗어나지만, 또다시 어리석은 행동을 하게 되고, 결국 당나귀 귀를 갖게 되고 말아요. 예전의 경험에서 깨달음을 얻으려면 어떻게 하면 좋을지 생각해 보세요.

이해력을 높여 주는 질문

1 미다스는 왜 몸에 닿는 모든 것을 황금으로 변하게 해 달라는 소원을 빌었을까요?

_____

_____

_____

_____

_____

2 비밀은 왜 생길까요? 비밀은 잘 지켜질 수 있을까요?

_____

_____

_____

_____

생각을 키워 주는 글쓰기

1 만약 한 가지 소원을 빌 수 있다면 어떤 소원을 빌 건가요? 그 이유는 무엇인가요?

한 가지 소원은 내가 가장 가치 있다고 생각하는 것일 거예요.

---

2 아폴론이 미다스의 귀를 당나귀 귀로 만들어 버린 행동은 잘 한 일일까요? 내 생각은 무엇인가요?

승부가 났는데도 미다스에 벌을 준 아폴론의 마음을 생각해 보세요.

올바른 결정은 끝까지 지켜라

《플루타르코스 영웅전》
_ 페리클레스

고전 읽기

페리클레스는 아테네의 귀족 출신에 부자였다. 하지만 그는 가난한 사람들에게 헌신했다. 그는 부자들과 대립함으로써 귀족 출신인 약점을 이겨 내고 권력만을 추구한다는 의심을 피할 수 있었다.

페리클레스는 자기의 생활 방식부터 바꾸었다. 그는 자신이 일하는 장소 외에는 어디에도 가지 않았다. 그는 친구들의 식사 초대에도 가지 않았는데, 긴 정치 생활 동안 친구와 식사를 한 번도 하지 않았다.

페리클레스는 전쟁 때 매우 조심스럽게 작전을 세웠다. 그리고 결과를 예상할 수 없는 위험한 전쟁은 미리 피했다. 따라서 불필요한 위험을 무릅쓰거나 운을 믿고 무모하게 싸워 승리한 장군은 멀리했다. 그는 늘 이렇게 말했다.

"단 한 사람의 시민도 내 잘못으로 죽게 하지는 않을 것이다."

스파르타의 왕 아르키다모스가 아테네를 공격해 왔다. 그는 아테네 영토 안으로 들어와 마을을 쑥대밭으로 만들고 아테네에 가까운 곳까지 왔다. 아테네 바로 앞까지 왔으니 아테네 군이 가만히 있지 못하고 싸울 것으로 생각했다.

그러나 페리클레스는 6만 명이나 되는 적들과 싸우는 것은 무모한 짓이라고 생각했다. 그는 싸우러 나가자는 시민들에게 나무는 베어 내도 곧 다시 자라나지만, 사람은 한 번 죽으면 다시 살아날 수 없다고 말하면서 달랬다.

그는 시민들에게 "비겁하다", "나라를 적에게 팔아먹으려 한다"라는 온갖 야유와 조롱을 들었다. 그는 그 말들을 묵묵히 견뎠다. 그를 비방하는 노래가 거리를 메워도 참기만 했다. 그렇게 그는 자기 믿음에 따라 외로운 길을 가고 있었다.

페리클레스는 100척의 군함을 펠로폰네소스에 보내 공격을 준비하고, 자신은 아테네의 시민들을 굳게 통제하고 있었다. 그러는 동안 스파르타 군대가 철수하기 시작했다. 아테네를 떠난 함대가 펠로폰네소스 반도를 돌며 스파르타 동맹의 도시들을 파괴하고 넓은 지역들을 장악한 것이다.

그러는 동안 아테네 시내에 전염병이 돌아 수만 명이 죽고 말았다.

그러자 아테네 시민들은 페리클레스를 매섭게 공격하기 시작했다. 그들은 더운 여름에 시골 사람들을 모두 도시로 들어오게 해, 좁고 더러운 집에서 살게 했기 때문에 병이 생겼다고 항의했다.

페리클레스는 시민들을 달랬지만, 그들은 더 이상 페리클레스를 믿지 않았다. 시민들은 페리클레스에 대한 투표에서 그에게 반대표를 던져 군대의 지휘권을 빼앗고 벌금까지 내게 했다.

아테네 시민들은 그의 정치력과 지휘력을 대신할 사람을 찾으려고 애썼다. 그러나 누구도 그를 대신할 수 없다는 것을 깨닫고, 슬픔에 잠겨 쓸쓸하게 집 안에 있는 그를 설득하였다. 시민들은 은혜도 모르고 그에게 모질게 굴었던 지난날을 진심으로 사과했다. 시민들의 설득에 페리클레스는 복귀했지만, 얼마 뒤 그 자신도 전염병에 걸려 세상을 떠났다.

페리클레스는 높은 인격으로 칭찬받을 만한 인물이었다. 그는 다른 사람에 대한 시기나 미움에 사로잡히지 않았고, 항상 적을 친구로 만들려고 노력했다. 큰 권력을 가지고 있어도 항상 조용하고 깨끗한 생활을 해 왔던 사람이 바로 페리클레스였으며, 그 모습은 신성한 신의 존재와도 같았다.

문해력을 높여 주는 어휘

헌	신
獻	身

➡ 몸과 마음을 바쳐 있는 힘을 다함

➡ (예) 남편은 아픈 아내를 위해 10여 년 동안 **헌신**으로 시중을 들고 있다.

무	모
無	謀

➡ 앞뒤를 잘 헤아려 깊이 생각하는 신중성이나 꾀가 없음

➡ (예) 그는 **무모**한 행동으로 나를 실망시켰다.

야	유
揶	揄

➡ 남을 빈정거려 놀림. 또는 그런 말이나 몸짓

➡ (예) 그의 행동에 **야유**가 터져 나오다.

배경지식

① 《플루타르코스 영웅전》은 어떤 책일까?

《플루타르코스 영웅전》은 고대 그리스 로마의 영웅이라고 할 만한 유명한 인물들의 삶과 업적을 다룬 기록이에요. 고대 그리스 로마의 전기 문학에서 최고의 작품이라고 알려져 있습니다.

이 책을 쓴 플루타르코스는 로마 제국이 통치하던 시기에 그리스 지역 보

에오티아 섬의 북쪽 카이로네이아 출신이에요. 그는 부유한 집안에서 태어나서 젊은 시절에 아테네로 유학을 갈 수 있었어요. 플라톤학파 철학자인 스승 암모니오스에게 그리스의 정통 철학, 수사학, 수학 등을 배웠지요. 이렇게 학문적인 기초를 탄탄하게 세운 플루타르코스는 로마에서 그리스어, 철학, 윤리학 등을 가르치면서 유명 인사가 되었어요. 그는 '최후의 그리스인'이라고 불렸어요. 그만큼 고대 그리스 로마의 역사, 철학, 문화에 정통했던 인물이었어요. 그는 《플루타르코스 영웅전》에 고대 그리스 로마의 인물과 역사, 문화 등을 잘 정리해 놓았어요.

《플루타르코스 영웅전》은 단순히 사람들의 전기를 써 놓은 책이 아니에요. 그리스의 영웅 한 명과 로마의 영웅 한 명을 비교하는 방식으로 썼어요. 그래서 '비교 열전'이라고도 합니다. 23쌍을 비교하여 썼고, 4명을 추가하여 총 50명의 그리스 로마 영웅들이 등장한답니다.

② 펠로폰네소스 전쟁은 왜 일어났을까?

펠로폰네소스 전쟁은 그리스의 도시 국가들 사이에 일어난 전쟁이에요. 이 전쟁이 일어나기 얼마 전, 그리스 도시 국가들은 힘을 합쳐 거대한 페르시아 제국의 침략을 막아 냈어요. 함께 페르시아를 막아 낼 때까지는 서로 똘똘 뭉쳤지만, 적이 사라지고 나자 내부에서 분열이 일어났어요.

페르시아 전쟁 때 그리스 도시 국가들은 아테네와 스파르타를 중심으로 힘을 모았어요. 스파르타도 강력한 육군을 바탕으로 페르시아를 막아 내는 데 많은 도움을 주었어요. 하지만 전쟁 막바지에 페르시아 군에게 결정적인 피해를 준 것은 아테네를 중심으로 하는 해군이었어요. 전쟁 이후 아테네는 도시 국가들에게서 세금을 거두고 그 돈을 함부로 쓰곤 했어요.

스파르타를 중심으로 연합한 펠로폰네소스 동맹 쪽에서는 아테네 중심의 델로스 동맹을 못마땅하게 생각했어요. 그러다 작은 분쟁들이 일어나면서 스파르타는 아테네를 압박했고, 결국 그리스의 두 맹주인 아테네와 스파르타는 각기 동맹국들과 함께 싸우게 되었어요.

고전 필사하기

단 한 사람의 시민도 내 잘못으로 죽게 하지는 않을 것이다.

단 한 사람의 시민도 내 잘못으로 죽게 하지는 않을 것이다.

▶▶▶ 무모한 결정으로 전쟁을 일으켜 아테네 시민들을 헛되이 죽음으로 몰아넣는 일이 없게 하겠다는 페리클레스의 생각을 잘 알 수 있는 말이에요. 때때로 권력자들은 시민들의 목숨을 자기 권력을 유지하는 수단으로 여기기도 했지만, 페리클레스는 한 사람 한 사람을 소중하게 생각한 지도자였답니다.

이해력을 높여 주는 질문

1 페리클레스가 귀족이 아닌 가난한 서민의 편에 선 이유는 무엇이었을까요?

---

2 아테네 시민들은 왜 페리클레스에게서 권력을 빼앗았다가 다시 그를 찾았을까요?

생각을 키워 주는 글쓰기

1 누군가를 지지하던 사람들이 완전히 태도를 바꾸게 되는 이유
는 무엇일까요? 어떤 경우에 그렇게 될까요?

누군가에게 찬성하고 지지하는 것은 사람들이 무엇인가를 얻을 수 있
기 때문이라는 사실을 생각해 보세요.

생각을 키워 주는 글쓰기

2 내가 생각하는 페리클레스의 장점은 무엇인가요? 왜 그렇게 생각하나요?

페리클레스의 말과 행동을 잘 살펴보세요.

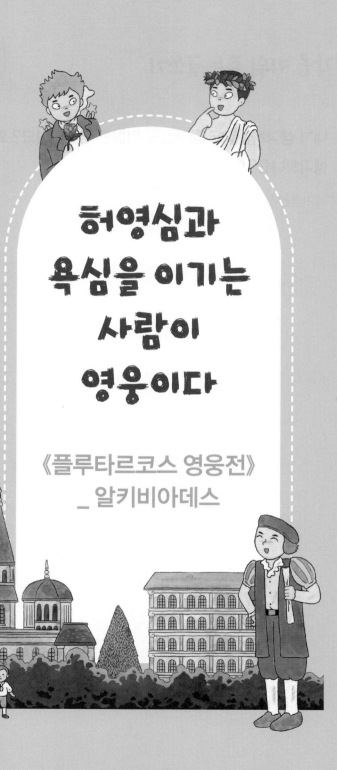

허영심과
욕심을 이기는
사람이
영웅이다

《플루타르코스 영웅전》
_ 알키비아데스

고전 읽기

아테네의 장군 알키비아데스는 어려서부터 용모가 아주 뛰어났다. 그의 빼어난 용모는 보는 사람을 즐겁게 했고, 사랑하는 마음을 불러일으켰다.

알키비아데스는 경쟁심이 강했다. 알키비아데스가 어렸을 때의 일이다. 하루는 친구와 레슬링을 했는데, 친구가 자기를 쓰러뜨리려 하자 알키비아데스는 친구의 손을 물려고 했다. 친구는 손을 빼며 "계집아이처럼 물려고 했다"라고 항의했다. 그러자 알키비아데스는 이렇게 대답했다.

"아니, 난 사자처럼 물려 했다고."

소크라테스는 알키비아데스가 겉모습뿐만 아니라 마음과 성격도 아름답고 고상하다는 것을 알고 그를 제자로 삼고 아꼈다. 하지만 제자의 착한 마음이 사람들의 아첨에 오염될까 염려했다. 알키비아데스는 좋은 환경에서 살고 있었고, 사람들은 그에게 듣기 싫은 말을 좀처럼 하지 않았기 때문에, 그는 진실한 충고를 들을 기회가 별로 없었다. 소크라테스는 모처럼 좋은 꽃을 피울 열매가 익기도 전에 시들어 버리는 일이 없도록 늘 그를 가까이에서 지켜보았다.

알키비아데스는 소크라테스의 뜻을 알게 되면서, 듣기 좋은 말만 하는 사람들을 멀리했다. 그는 소크라테스의 말에 언제나 귀 기울이며 그를 가까이했다. 소크라테스는 알키비아데스의 쓸데없는 자만심을 늘 경계했다. 알키비아데스는 소크라테스의 생각과 높은 덕에 감탄하여 그를 몹시 사랑하고 존경했다. 그는 소크라테스와 함께 식사하고 운동하며 같은 천막에서 잤다.

그렇지만 알키비아데스는 쉽게 쾌락에 빠져들었다. 사람들은 그의 명예심과 허영심을 자극해 정치에 나서도록 했다. 그가 만약 정치를 하면 페리클레스보다 더 높은 명성과 권위를 가질 수 있을 것이라 부추겼다. 그러나 소크라테스는 알키비아데스가 사치나 자만심에 빠져들 때마다 대화를 통해 그를 억제했다. 그리고 그의 결점을 지적해 겸손한 사람으로 만들려고 했다.

하지만 알키비아데스는 결국 소크라테스와 멀어지고 정치를 시작했다. 그는 많은 인기를 끌었다. 그는 니키아스와 경쟁했는데, 니키아스가 아테네 시민들에게 존경받는다는 사실이 불편했다. 당시 아테네는 스파르타 동맹과 전쟁을 하고 있었는데 니키아스가 휴전을 이끌어 평화로운 시기를 보내고 있었다.

알키비아데스는 질투심에 눈이 멀어, 니키아스가 만든 평화를 무너뜨리려고 했다. 그는 다른 도시 국가의 사절단과 니키아스 사이를 갈라놓고 시민들을 선동해 전쟁을 하게 했다.

이런 중에 알키비아데스는 사치스러운 잔치를 벌이고 방탕한 생활을 했다. 빨간 망토를 끌며 공회당을 휩쓸고 다녔고, 전함에 부드러운 잠자리를 만들려고 갑판 앞부분을 떼어 가죽끈으로 침대를 만들었다. 이것을 보고 아테네의 귀족들은 그의 오만한 태도를 걱정했지만, 민중은 그에게 많은 사랑을 주었다.

시인들은 그를 이렇게 묘사했다.

"사람들이 좋아하기도 하고 미워하기도 하지만, 없어서는 안 될 사람."

알키비아데스는 아테네를 위해 많은 기부금을 냈고, 시민들을 위해 잔치를 벌였다. 웅변술도 뛰어났고, 아름답고 튼튼한 몸을 가졌다. 그리고 많은 전쟁에서 승리했다. 아테네 시민들은 알키비아데스에게 비록 잘못이 있더라도 너그럽게 용서해 주었다. 그들은 알키비아데스의 잘못은 그가 아직 젊고 명예심이 과해서 생긴 것이라며 좋게 생각했던 것이다.

하지만 알키비아데스는 일부 시민들의 미움을 사서 그가 없는 사이 재판이 진행되어 유죄를 선고받았다. 벌을 받기 싫었던 그는 적국이었던 스파르타로 망명하였고, 그곳에서 왕비를 유혹했다가 쫓겨났다. 이후 페르시아로 넘어갔다가 아테네와 스파르타 사이에서 다시 정치 권력을 얻으려고 했지만, 결국 다시 페르시아로 망명했다가 암살당하고 말았다.

문해력을 높여 주는 어휘

항	의
抗	議

➡ 못마땅한 생각이나 반대의 뜻을 주장함
➡ 예 방송이 나간 후 방송사에 **항의**가 빗발쳤다.

아	첨
阿	諂

➡ 남의 환심을 사거나 잘 보이려고 알랑거림. 또는 그런 말이나 짓
➡ 예 나는 마음에도 없는 **아첨**을 늘어놓았다.

충	고
忠	告

➡ 남의 결함이나 잘못을 진심으로 타이름. 또는 그런 말
➡ 예 어머니의 간곡한 **충고**를 받아들였다.

1 알키비아데스는 어떤 사람이었을까?

알키비아데스는 아테네의 귀족 집안에서 태어났어요. 그의 아버지는 알키비아데스가 아주 어렸을 때 전쟁터에서 사망했어요. 그 뒤부터는 당대 아테네의 최고 정치가였던 외삼촌 페리클레스의 보호를 받았답니다.

페리클레스는 알키비아데스에게 최고의 교육 기회를 주었어요. 알키비아데스는 어릴 때부터 아테네의 정치가로 성장하는 데 필요한 모든 교육을 받을 수 있었어요.

알키비아데스는 청년 시절 소크라테스에게도 가르침을 받았어요. 소크라테스는 알키비아데스의 본래 성품은 훌륭한데, 쉽게 유혹에 빠지고 명예를 탐하는 것을 경계했어요. 소크라테스는 알키비아데스를 좋은 길로 인도하려고 애썼답니다. 또한 소크라테스는 알키비아데스와 함께 전쟁터에 나가기도 했어요. 그는 부상당해 죽을 위기에 빠진 알키비아데스를 구해 주었지요. 알키비아데스는 이런 소크라테스를 존경했답니다. 하지만 스승의 가르침을 잘 실천하지는 못했어요.

알키비아데스는 명문가 출신에 부자였고, 외모도 너무나 빼어났어요. 그리고 젊을 때부터 전쟁터에서 공을 많이 세웠어요. 사람들의 마음을 사로잡는 웅변 실력도 아주 뛰어났어요. 부유함, 아름다운 외모, 용기, 빼어난 웅변술 등 사람들이 좋아할 만한 점을 모두 가진 알키비아데스는 사람들에게 많은 사랑을 받을 수밖에 없었어요.

하지만 시간이 지나면서 알키비아데스는 성격이 교만해지고 유혹에 쉽게 흔들렸어요. 사람들은 그를 사랑하면서도 미워했어요. 알키비아데스는 아테네, 스파르타, 페르시아 사이를 오가면서 실수를 거듭하다가 결국 암살당하고 말았어요.

② 그리스 사람들은 왜 외모를 중요하게 생각했을까?

그리스 조각상을 보면 대부분 아름다운 육체를 강조한 경우가 많아요. 그리스 사람들은 내면의 훌륭함이 외모로 드러난다고 생각했어요. 그래서 신들을 조각한 조각상도 인간과 비슷하게 만들고, 가장 아름다운 모습을 표현했어요. 멋진 육체를 강조하기 위해 되도록 옷도 적게 걸친 모습이지요.

그리스인들은 아름답고 강한 외모가 곧 '덕(올바름)'이라고 생각했어요. 그래서 어릴 때부터 김나지움(Gymnasium)이라는 체육관에서 체력을 단련하고, 육체의 강함을 겨루는 레슬링이나 전차 경기 등을 즐겼어요. 오늘날 올림픽의 기원이 된 올림피아제는 고대에 제우스를 기리는 경기에서 비롯되었어요.

아테네의 건국 영웅 테세우스도 멋진 외모를 가졌어요. 그는 강한 힘으로 미노타우로스라는 괴물에게 끌려간 아테네인들을 미궁에서 풀어주었지요. 알키비아데스는 그런 영웅 테세우스를 떠올리게 할 정도의 외모와 용기를 가졌어요. 그래서 많은 아테네 사람의 사랑을 받았지만, 끝내 자신의 야망과 욕심을 이기지 못해 몰락했어요.

고전 필사하기

사람들이 좋아하기도 하고 미워하기도 하지만, 없어서는 안 될 사람.

사람들이 좋아하기도 하고 미워하기도 하지만, 없어서는 안 될 사람.

▶ ▶ ▶ 알키비아데스의 특징을 잘 나타낸 말이에요. 알키비아데스의 아름다움과 영웅적인 모습 때문에 그를 좋아하는 사람들도 있었지만, 그의 질투심과 명예욕, 사치스러움을 경계하는 사람들도 있었어요. 소크라테스는 알키비아데스의 장점을 보고 좋은 길로 이끌었지만, 결국 알키비아데스는 자기 욕심을 이기지 못하고 타락한 길을 가게 되었어요.

이해력을 높여 주는 질문

1 알키비아데스는 레슬링을 하다가 왜 "사자처럼 물려 했다"라고 말했을까요?

----

2 소크라테스는 알키비아데스의 어떤 점을 걱정했을까요?

생각을 키워 주는 글쓰기

1 외모가 아름다운 사람은 어떤 함정에 빠지기 쉬울까요?

외모가 아름다우면 주변 사람들이 추켜세워 줘요. 그럴 때 어떤 마음이 들지 생각해 보세요.

----

2 교육으로 사람을 바꿀 수 있을까요? 알키비아데스는 소크라테스를 만났지만, 왜 도덕적으로 바른 길을 가지 못했을까요?

햇빛이 강해도 엎어진 바가지 속은 어둡다는 사실을 떠올려 보세요.

인간다움을
잃지
말라

《베니스의 상인》

고전 읽기

샤일록   저는 차용증서에 있는 그대로 빌린 돈과 위약금을 받겠습니다. 저에게 물으실지도 모르겠습니다. 왜 굳이 돈을 마다하고 한사코 살 한 덩어리를 달라고 고집하는지 말이에요. 저도 그 이유를 말씀드리기는 어렵습니다만, 안토니오에게 쌓인 증오의 감정 때문이라고 말씀드릴 수밖에 없겠네요. 제가 요구하는 살 1파운드는 제가 비싸게 산 것입니다. 그건 제 것이니 꼭 받아야지요. 제 요구를 거절하신다면 베니스를 다스린다는 법이 무슨 소용 있겠습니까?

벨서저(포셔)   소송 내용이 이상하기는 하지만, 소송 절차에는 아무런 문제가 없군. 하지만 자비를 베푸는 것도 좋을 것이오.

샤일록 제가 왜 자비를 베풀어야 합니까? 그 이유가 무엇인 가요?

벨서저(포셔) 그대는 정의를 요구하지만, 정의만 앞세우면 그 누구도 구원받을 수 없다는 사실을 명심하시오. 자비 없는 정의만 고집한다면 베니스 법정은 부득이 저 상인에게 불리한 선고를 내리지 않을 수 없소.

샤일록 자기가 한 일은 자기가 책임져야 할 뿐입니다.

벨서저(포셔) 그런데 말이오. 이 증서에는 살 1파운드 외에 단 한 방울의 피도 주어야 한다는 말이 없소. '살 1파운드'라고만 적혀 있으니, 오직 살만 1파운드 잘라야 하오. 만약 피를 단 한 방울이라도 흘린다면, 샤일록! 당신의 토지와 재산은 모두 법에 따라 베니스에 속하게 될 것이오.

샤일록 아이고! 그러시다면 다른 제안을 받아들이겠습니다. 안토니오에게 빌려준 돈 세 배를 받고 안토니오는 석방하는 것으로요.

벨서저(포셔) 당신은 정의로운 재판을 요구하지 않았소? 증서에 적힌 것 말고는 아무것도 받을 수 없소. 자, 어서 살을 잘라 낼 준비를 하시오. 단 한 방울의 피도 흘려선 안 되며, 살을 정확히 1파운드만 잘라 내시오. 만일 조금이라도 차이가 있어서 저울이 머리카락 한 가닥만큼이라도 한쪽으로 기운다면, 그대를 사형에 처하고 전 재산을 빼앗을 것이오.

샤일록 아, 위약금은 필요 없습니다. 빌려준 돈만 받으면 물러나겠습니다.

벨서저(포셔) 그대가 받을 수 있는 것은 오직 살 1파운드뿐이오.

샤일록 마음대로 하시오. 나는 더 이상 이런 소송을 진행하고 싶지 않으니까요.

벨서저(포셔) 잠깐만 기다리시오, 유대인! 한 가지 더 알고 있어야 하오. 베니스 법이 정한 바는 다음과 같소. 만일 외국인이 직접적 또는 간접적으로 베니스 시민의 생명을 노렸다는 사실이 드러날 경우, 그 외국인 재산의 절반은 생명을 빼앗길 뻔한 피해자에게 주고, 나머지 절반은 베니스 금고에 들어가게 되어 있소.

문해력을 높여 주는 어휘

절	차
節	次

➡ 일을 치르는 데 거쳐야 하는 순서나 방법
➡ 예 법적인 **절차**를 밟다.

차	용	증	서
借	用	證	書

➡ 남의 돈이나 물건을 빌린 것을 증명하는 문서
➡ 예 그녀는 그에게 **차용증서**를 써 주었다.

위	약	금
違	約	金

➡ 채무를 이행하지 않을 경우, 채무자가 채권자에게 손해 배상 또는 제재로서 지급할 것을 미리 약속한 돈
➡ 예 계약을 포기할 경우 상당한 **위약금**을 물어야 한다.

배경지식

1 《베니스의 상인》은 어떤 내용일까?

베니스의 상인 안토니오에게는 바사니오라는 친구가 있었어요. 바사니오는 벨몬트에 사는 귀족 여인 포셔에게 청혼하고 싶어 합니다. 그러려면 돈이 필

요했지요. 안토니오는 바사니오에게 돈을 마련해 주기 위해 유대인 고리대금업자인 샤일록에게 돈을 빌립니다. 바다에 나간 안토니오의 배가 잘 돌아오면 그 돈을 갚는 것은 어렵지 않은 상황이었어요. 샤일록은 평소 유대인인 자신을 무시하는 안토니오를 미워했어요. 그래서 기한 내에 빌려준 돈을 갚지 못한다면 살 1파운드를 준다는 내용을 계약서에 넣었어요.

안토니오의 도움으로 돈을 구한 바사니오는 포셔에게 청혼할 수 있게 되었어요. 그런데 문제가 생깁니다. 안토니오의 상선들이 바다에서 모두 침몰해 버렸다는 소식이 들렸어요. 안토니오는 샤일록에게 돈을 갚지 못할뿐더러, 자기 살도 내어 주게 되어 버렸지요.

이때 포셔가 기지를 발휘해요. 포셔는 남자로 변장하여 재판관으로 활약을 해요. 재판이 벌어지자 안토니오를 미워했던 샤일록은 기어코 안토니오의 살을 베어 내려고 합니다. 하지만 재판관은 계약상 살만을 베어 내야 하기 때문에 절대로 피를 흘리게 해서는 안 된다는 조건을 제시해요. 피를 내지 않고 살만을 베어 내는 것은 불가능했기에, 샤일록은 재판에서 패배하지요.

여기서 끝이 아니었어요. 재판관은 나쁜 꾀로 베니스 시민을 위험에 빠트리는 경우 재산을 상대방과 베니스 금고에 주어야 한다고 판결합니다. 결국 샤일록은 욕심을 부리다가 자기 재산을 모두 빼앗기게 되어요. 이후에 안토니오의 상선이 침몰되었다는 소문도 거짓이라는 것이 밝혀져요.

② 유대인 샤일록

셰익스피어가 살았던 당시 유럽에서 유대인에 대한 인식은 그리 좋지 않았어요. 왜냐하면 종교적으로 유럽인은 기독교를, 유대인은 유대교를 믿었기 때문이에요. 유대인들은 금융업이나 고리대금업(높은 이자를 받고 돈을 빌려주는 일)을 많이 했어요. 사람들은 고리대금업을 천한 일이라고 여겼답니다.

《베니스의 상인》에서 샤일록이 나쁘기만 한 사람처럼 묘사되지만, 당시 유럽 사람들의 유대인에 대한 편견을 생각하면 불쌍해 보이기도 합니다.

고전 필사하기

> 정의만 앞세우면 그 누구도 구원받을 수 없다는 사실을 명심하시오.

> 정의만 앞세우면 그 누구도 구원받을 수 없다는 사실을 명심하시오.

▶▶▶ 사람 사이에서 옳고 그름만 따지고 인간적인 배려나 자비가 없으면 세상은 어떻게 될까요? 샤일록은 차용증서에 있는 글자 그대로 안토니오의 살 한 덩이를 받으려고 합니다. 나름대로 정의롭게 행동한 것이지만, 상식을 가진 사람이라면 누구도 받아들이기 힘든 조건이에요.

이해력을 높여 주는 질문

1 샤일록이 돈보다 안토니오의 살을 원한 이유는 무엇일까요?

-----

2 샤일록의 주장에 벨서저는 어떻게 대응했나요?

생각을 키워 주는 글쓰기

1 정의와 자비처럼 중요한 가치들이 충돌할 때 어떻게 하면 좋을까요?

사람마다 중요하게 생각하는 가치가 다를 수도 있다는 사실을 생각해 보세요.

② 결국 샤일록은 어떻게 되었을까요? 내가 이 이야기의 결말을 쓴다면 어떻게 쓸 것인가요?

이야기를 좀 더 재미있게 끝낼 수 있는 방법을 찾아보세요.

때로는
세상을 다르게
바라보라

《걸리버 여행기》

저자 소개 **조너선 스위프트**(1667 ~ 1745)

영국계 아일랜드 정치가이자 소설가예요. 성직자로도 활동했어요.
조너선 스위프트는 사회를 날카롭게 비판하는 글을 주로 썼어요.
대표작인 《걸리버 여행기》는 뛰어난 풍자 소설로 평가되고
있어요.

고전 읽기

나는 바닥에서 일어나려고 했다. 하지만 어찌 된 일인지 몸을 움직일 수가 없었다. 등을 대고 누워 있었는데 팔다리가 땅바닥에 단단하게 묶여 있었기 때문이었다. 내 긴 머리카락도 바닥에 묶여 있었다. 가느다란 끈 여러 개가 내 겨드랑이부터 허벅지까지 가로지르고 있었다. 나는 완전히 묶여 있었다.

잠시 뒤에 어떤 것이 내 왼쪽 다리 위에서 움직이는 게 느껴졌다. 그것은 내 가슴 위로 조심스럽게 올라오더니 거의 내 턱밑까지 왔다. 내가 눈을 최대한 아래로 내리깔아 쳐다보니 그것은 작은 인간이었다. 그는 활과 화살을 두 손에 든 채 화살통을 등에 둘렀고, 키는 15센티미터도 되지 않았다. 내가 너무 놀라 고함을 크게 지르자 작

은 인간들은 모두 겁에 질려 달아나 버렸다.

　나는 오른손으로 작은 인간들을 모두 잡아 그중 다섯 명은 외투 호주머니에 넣었고, 여섯 번째 인간은 손에 쥐었다. 그리고 마치 산 채로 잡아먹을 것처럼 했다. 하지만 나는 곧 그들을 풀어 주었고, 병사들과 작은 인간들 모두 나의 이러한 너그러움에 고마워했다. 이 일은 나중에 궁전에까지 알려졌는데, 나에게 유리하게 작용했다.

　릴리퍼트라는 이 나라에서 줄타기는 궁전에서 높은 관직이나 국왕의 총애를 받는 자리에 오르려고 하는 사람들만 할 수 있었다. 그들은 젊어서부터 줄타기를 훈련했다. 국왕의 대신들은 국왕에게 종종 자신들이 아직 줄타기 능력이 충분히 좋다는 증거를 보여 주어야 했다.

　릴리퍼트와 블레푸스쿠는 오랜 기간 동안 전쟁을 하고 있었다. 이 전쟁은 다음과 같은 이유로 시작되었다. 모든 사람이 인정하듯이, 달걀을 깨뜨리려면 넓적한 부분을 깨야 한다. 그런데 지금 국왕의 할아버지가 어렸을 때, 달걀을 먹으려고 넓적한 부분을 깨다가 손가락을 베였다.

　화가 난 국왕은 달걀을 뾰족한 쪽으로 깨뜨려야만 한다는 법을 정했다. 만약 백성들이 이 법을 어기면 벌 받을 것이라고 했다. 사람들은 이 법에 매우 분노했다. 역사서에 따르면 이 때문에 여섯 번의 반란이 일어났다. 반란 중에 어떤 왕은 목숨을 잃었고, 어떤 왕은 왕위를 빼앗겼다.

　반란이 진압되었을 때 릴리퍼트를 떠나는 사람들은 블레푸스쿠로 몸을 피했다. 1만 1,000여 명의 사람들이 뾰족한 쪽으로 달걀을 깨 느니 차라리 죽음을 택한 것으로 알려졌다.

문해력을 높여 주는 어휘

➡ 남달리 귀여워하고 사랑함
➡ 예 김 병장에 대한 중대장의 **총애**는 유난히 깊었다.

➡ 어떤 사실을 증명할 수 있는 근거
➡ 예 그는 **증거** 부족으로 석방되었다.

➡ 정부나 지도자 따위에 반대하여 내란을 일으킴
➡ 예 정부군은 **반란**을 진압하고 주모자를 체포했다.

① 《걸리버 여행기》 속 네 가지 이야기

걸리버는 외과 의사가 되기 위한 교육을 받고 항해를 하면서 의사 노릇을 하기도 합니다. 그는 같이 항해하자는 한 선장의 제안에 배에 몸을 실어요. 그런데 걸리버의 항해는 순탄하지 않습니다. 그가 탄 배가 암초에 부딪히기도 하고 폭풍을 만나기도 해요. 그는 네 번이나 세상에 알려지지 않은 나라들에 도착합니다.

첫 번째는 릴리퍼트라는 소인국이에요. 소인국에서 걸리버는 좋은 대접을 받기도 했지만, 궁전에 일어난 불을 끄기 위해 소변을 보았다가 큰 벌을 받을 위기에 처합니다. 걸리버는 릴리퍼트와 대립하던 블레푸스쿠로 망명했다가 다시 영국으로 돌아와요.

작가는 릴리퍼트 사람들이 달걀의 어느 쪽을 깨서 먹느냐로 전쟁하는 것, 줄타기 실력으로 고위 관직에 오르고 그 자리를 유지하는 것 등을 보여줘요. 이로써 국가와 사회가 얼마나 사소한 것으로 갈등하는지 풍자했지요.

걸리버가 두 번째로 간 나라는 브롭딩낵이었어요. 이곳은 앞서 방문한 소인국과 반대로 거인국이었어요. 거인국에서 걸리버는 마치 서커스에 출연하는 원숭이처럼 구경거리가 되었어요.

작가는 거인국의 왕족, 귀족의 사치를 비꼬고, 사람들의 어리석음을 풍자해요. 그리고 당시 영국이 최고라고 생각하던 사람들에게 거인들의 시선으로 보면 난쟁이에 불과하다고, 관점을 바꾸는 기회를 주기도 하지요.

걸리버는 세 번째로 공중에 떠 있는 라퓨타 섬을 방문해요. 라퓨타 사람들은 오직 수학, 과학에만 빠져 있어요. 너무 깊이 생각만 하는 나머지 앞에 돌부리가 있어도 하인들이 알려 주지 않으면 모르고 걸려 넘어질 정도였지요. 그들은 발달한 문명으로 그리 좋은 일을 하지는 않았어요. 땅 위에 식민지를 거느리고 그들을 이용했어요. 작가는 라퓨타의 이야기를 통해 문명이라는 것이 얼마나 이기적일 수 있고 한심한지를 풍자했어요.

걸리버가 마지막으로 방문한 곳은 후이늠의 나라였어요. 이곳은 말과 사람이 뒤바뀐 곳이었지요. 말들이 사람처럼 행동하고, 사람은 말처럼 마차를 끌었어요. 오히려 인간보다 더 합리적이고 이성적인 말들을 통해, 작가는 인간이 더 짐승과 같다는 메시지를 전해 준답니다.

② 풍자란 무엇일까?

풍자는 '다른 사람의 결점을 다른 것에 빗대어 비웃으면서 폭로하고 공격하는 것'을 말해요. 힘을 가진 사람에게 "이러이러한 일은 당신이 이렇게 잘못한 것이다"라고 여과 없이 말하면 해를 입을 수 있어요. 그리고 그렇게 직접적으로 이야기하면 메시지를 전달하는 효과가 미미할 수도 있지요. 하지만 다른 것에 빗대어 이야기하면 상대는 다시 한번 더 그 이야기를 생각하게 되고, 직접적으로 해를 주지 않을 수도 있어요.

《걸리버 여행기》의 작가 조너선 스위프트는 자기 작품을 통해 당시 영국의 모순을 풍자했답니다.

고전 필사하기

나는 곧 그들을 풀어 주었고,

병사들과 작은 인간들 모두 나의 이러한 너그러움에 고마워했다.

나는 곧 그들을 풀어 주었고,

병사들과 작은 인간들 모두 나의 이러한 너그러움에 고마워했다.

▶ ▶ ▶ 걸리버는 릴리퍼트라는 소인국에서 좋은 대접을 받습니다. 만약 그가 처음부터 소인들을 괴롭히고 못살게 굴었다면 소인국의 군사들과 전쟁을 해야 했을지도 모릅니다. 하지만 걸리버는 자기를 묶었던 소인들을 너그럽게 대해 주었고, 그들과 친분을 쌓을 수 있었지요.

이해력을 높여 주는 질문

1 릴리퍼트에서는 높은 관직에 오르기 위해 무엇을 잘해야 했나요?

----

2 릴리퍼트와 블레푸스쿠는 무슨 이유로 전쟁을 했나요?

생각을 키워 주는 글쓰기

1 내가 만약 소인국에서 눈을 뜬다면 어떤 일부터 하면 좋을까요? 그렇게 생각하는 이유는 무엇인가요?

소인국 사람들이 나를 꽁꽁 묶었다면 먼저 무엇부터 해야 할지 생각해 보세요.

생각을 키워 주는 글쓰기

2 나라를 이끌어 가는 사람들을 잘 뽑으려면 어떤 방법을 쓰면
좋을까요?

나라를 잘 다스리는 데 필요한 능력과 소양이 무엇인지 생각해 보세요.

배움은
언제나
중요하다

《마지막 수업》

고전 읽기

나는 그날 아침, 수업에 지각했다. 게다가 아멜 선생님이 내주신 프랑스어 분사도 공부하지 않았다. 나는 선생님께 혼나지는 않을까 잔뜩 겁을 먹었다. 혼이 날 바에는 학교에 가지 말고 들판을 실컷 돌아다니는 것이 마음 편할 것 같았다.

읍내 사무소 앞을 지날 때였다. 철책을 둘러놓은 게시판 앞에 사람들이 웅성거리며 서성댔다. 좋은 소식이 아니라는 것을 알았다. 게시판에는 2년 전부터 매번 패전, 징집 명령과 같이 프로이센 군사령부로부터 갖가지 좋지 않은 소식들이 명령조로 붙어 왔기 때문이다.

'이번에는 무슨 일일까?'

나는 살며시 문을 열고 숨소리조차 들리지 않는, 고요하다 못해 적막감마저 감도는 교실 안으로 들어갔다. 가슴은 콩닥거렸고, 얼굴은 홍당무처럼 달아올랐다. 그때 상황은 자세히 설명하지 않아도 상상될 것이다. 그런데 이게 어찌 된 일일까? 아멜 선생님은 화내기는커녕 조용하고 부드러운 목소리로 말씀하셨다.

"프란시스, 어서 네 자리로 가서 앉으렴. 하마터면 너를 빼놓고 수업을 시작할 뻔했구나."

사람들은 숨소리조차 내지 않고 앉아 있었다.

"여러분, 오늘이 저의 마지막 수업이네요. 베를린에서 알자스와 로렌의 모든 학교에 명령했습니다. 독일어로만 수업하라는 명령이지요. 내일 새로운 선생님이 오실 겁니다. 지금이 마지막 프랑스어 수업이 될 것입니다. 부탁하건대 열심히 마지막 수업을 받아 주시기 바랍니다."

교실 뒤편에 앉은 마을 사람들은 그동안 학교를 자주 찾지 않은 일을 후회하고 있는 것처럼 보였다. 그리고 40년간 선생님이 학교에 쏟은 열정과 헌신에 진심으로 감사하고, 빼앗긴 나라에 대한 의무를 다하려는 의지로 앉아 있는 것 같았다.

나는 선생님이 질문하신 분사법을 외우지 못했다. 그래서 고개를 숙인 채 몸을 비틀며 힘없이 서 있을 수밖에 없었다. 그런 내 모습을 보신 아멜 선생님이 말씀하셨다.

"프란시스, 너를 꾸짖지 않을 거야. 너는 이미 너 자신을 꾸짖고 있을 테니 말이야. 그리고 충분히 잘못을 뉘우치고 있겠지. 사람들은 이렇게 자신에게 말해. '서두를 것 없어. 오늘 못 하면 내일 하면 되지.' 그런데 프란시스, 그 결과는 어떻게 될까? 네가 지금 겪고 있는 그대로란다.

아! 자녀들의 공부를 뒤로 미룬 것이 우리 알자스의 불행 중 가장 큰 불행이었단다. 지금 프로이센 사람들은 우릴 비웃고 있겠지? 너희들은 프랑스인이라는 자부심이 있지만, 우리 말을 읽고 쓸 줄 모르지. 우리 모두 반성하고 크게 뉘우쳐야 돼! 프란시스, 이것은 결코 너희들의 잘못이 아니란다. 부모님들이 너희를 공부시키려 노력하지 않았어. 조금이라도 돈을 더 벌겠다고 너희를 들판이나 공장으로 내보냈으니까 말이야."

갑자기 시계가 정오를 알렸다. 곧이어 성당 종소리도 들려왔다. 아멜 선생님은 얼굴이 새파랗게 질려 자리에서 일어났다. 선생님의 그런 모습은 지금껏 한 번도 본 적이 없었다.

"여러분."

이 한마디 뒤에 숨 막히는 침묵이 이어졌다.

"여러분, 나는……, 나는……."

선생님은 끝내 말을 잇지 못하고 칠판 앞으로 가서 분필을 집었다. 그리고 있는 힘껏 큰 글씨로 이렇게 썼다.

"프랑스 만세."

선생님은 칠판에 이마를 대고 꼼짝도 하지 않은 채 한참을 숨죽이고 있었다. 이윽고 선생님은 힘없이 우리를 향해 손짓했다.

"얘들아, 모두 끝났어……. 그만 돌아가야지."

문해력을 높여 주는 어휘

정오
正 午

➡ 낮 열두 시. 곧 태양이 표준 자오선을 지나는 순간을 이른다.

➡ 예 12시면 **정오** 사이렌이 교도소 안에 울려 퍼진다.

지각
遲 刻

➡ 정해진 시각보다 늦게 출근하거나 등교함

➡ 예 출근 시간에 자동차가 고장 나 **지각**했다.

적막감
寂 寞 感

➡ 고요하고 쓸쓸한 느낌이나 마음

➡ 예 솔잎을 스치는 바람 소리가 **적막감**을 더하게 했었다.

① 프로이센 – 프랑스 전쟁

1870년에서 1871년 사이, 프로이센과 프랑스 사이에 일어난 전쟁으로, 보불전쟁이라고도 해요. 오늘날 우리가 알고 있는 독일은 이전에는 없었어요. 당시 프로이센의 수상 비스마르크는 프로이센을 중심으로 독일의 통일을 이루려고 했어요. 그 목적을 이루기 위해서 프랑스를 공격하려고 했지요.

프랑스의 나폴레옹 3세는 프로이센이 점점 힘을 키우는 것이 불안했어요. 그래서 프로이센의 움직임을 경계했지요. 프로이센을 공격하자는 측근들의 주장을 받아들여, 나폴레옹 3세는 프로이센에 선전포고합니다. 그렇게 두 나라가 전쟁하게 되었어요.

전쟁이 일어난 지 얼마 후 나폴레옹 3세는 전투에서 사로잡혀요. 그러자 프랑스에서는 나폴레옹 3세를 폐위시켜 버립니다. 그리고 프랑스 공화국을 선언해요. 이 말은 황제가 다스리던 나라에서 국민이 주인이 되어 다스리는 나라로 바뀌었다는 뜻이에요.

전쟁에서 결국 프로이센이 승리해요. 프로이센은 그간 프랑스와의 분쟁 지역이었던 알자스－로렌 지방을 얻어요. 그리고 프랑스에게 전쟁 보상금으로 50억 프랑을 받게 되지요. 프로이센은 유럽에서 가장 강한 군대로 알려졌던 프랑스에게 승리하면서 군사 강국이 되었어요.

《마지막 수업》은 이 시기에 프랑스인의 입장에서 쓴 소설이에요. 프랑스 사람들은 독일에게 나라를 빼앗기고, 수업 시간에 프랑스어를 쓰지 못하게 되었답니다.

② 언어에는 어떤 힘이 있을까?

말에는 힘이 있어요. 만약 우리가 우리나라 말을 하지 못한다고 생각해 보세요. 당장 중국어나 일본어로 주변 사람들과 대화하고, 학교 수업도 우리말로 하지 못한다면 어떻게 될까요?

언어는 사람들의 생각을 결정해요. 말이 없으면 사람들은 그 말과 관련된 생각 자체를 할 수 없어요. 예를 들어, 영어로 'blue'는 우리말로 '파란', '파아란', '푸른', '퍼런' 등 여러 가지로 표현할 수 있지요? 하지만 'blue'라는 단어만 안다면 '파아란'이라는 말의 미묘한 느낌과 맛을 알기 어려워요. 그 사람에게 '파아란'의 세계는 없는 것이지요.

한 나라의 국민이 자기 나라의 말을 잃는 것은 민족의 정신을 잃는 것과 같아요. 일제 강점기에 우리나라는 우리 말과 글을 빼앗긴 적이 있어요. 사람들은 우리 말과 글을 자유롭게 쓰지 못했고, 심지어 이름마저 일본식으로 바꿔야 했지요. 일본은 우리 말과 글을 연구하던 조선어학회 사람들을 강제로 끌고 가는 등 탄압했답니다. 《마지막 수업》에서는 언어를 잃게 된 프랑스 사람들의 감정을 오롯이 체험할 수 있어요.

고전 필사하기

아! 자녀들의 공부를 뒤로 미룬 것이 우리 알자스의 불행 중

가장 큰 불행이었단다.

아! 자녀들의 공부를 뒤로 미룬 것이 우리 알자스의 불행 중

가장 큰 불행이었단다.

▶▶▶ 프로이센에 나라를 빼앗긴 이유가 자녀들을 충분하게 교육하지 못했기 때문이라는 선생님의 말입니다. 돈을 벌기 위해 교육을 뒤로 미룬 대가로 가장 중요한 삶의 터전을 지키지 못한 것이지요. 교육의 중요성에 대해 생각하게 되는 말이에요. 일제 강점기에도 우리나라 지식인들은 국내외에서 후손들의 교육에 많은 열정을 쏟았답니다.

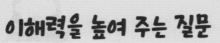 

이해력을 높여 주는 질문

1 수업에 늦은 프란시스에게 아멜 선생님은 왜 화를 내지 않았을까요?

_____

_____

_____

_____

_____

2 마을 사람들은 무엇을 후회하고 있었을까요?

_____

_____

_____

_____

생각을 키워 주는 글쓰기

1 나라를 빼앗기면 어떤 심정일까요? 왜 그런 마음이 들까요?

일제 강점기에 독립운동을 했던 조상들을 떠올려 보세요.

----

2 교육은 어떤 의미가 있을까요? 왜 사람은 배워야 할까요?

아무리 어려운 상황이라도 배움을 통해 지혜를 얻으면, 그 상황을 극복할 길이 보일 수 있다는 점을 생각해 보세요.

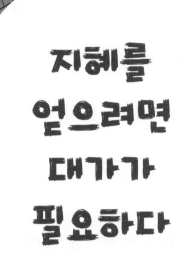

지혜를
얻으려면
대가가
필요하다

《북유럽 신화》

저자 소개 작자 미상

북유럽 신화는 덴마크, 아이슬란드, 노르웨이, 스웨덴 등 유럽 북부에 살았던 노르드인, 북게르만 계통 민족들의 신화예요. 그리스로마 신화와 함께 유럽 신화의 한 축을 이루고 있어요. 여러 세대를 거쳐 민족 사이에서 전해진 이야기랍니다.

고전 읽기

'기억하는 자, 돌이켜 생각하는 자'라는 뜻의 미미르는 미미르의 샘의 파수꾼이었다. 미미르의 샘은 거인들이 모여 사는 요툰헤임에 있었다. 이 샘은 땅속 저 깊은 곳에서 콸콸 솟아올라 이그드라실이라는 세계의 중심이 되는 나무에 양분을 주었다. 현명한 자이면서 기억의 수호자인 미미르는 지혜로웠다. 미미르의 샘은 곧 지혜였다. 세상이 생겨난 지 얼마 되지 않았던 시절, 미미르는 매일 아침 걀라르호른이라는 뿔로 만든 잔에 샘물을 채워 마셨다.

아주 오래전 세상이 시작된 지 얼마 지나지 않았던 시절, 가장 강력한 신 오딘은 긴 망토와 모자를 걸치고 방랑자로 변장해서 거인들의 땅을 여행했다. 그는 지혜를 얻기 위해 목숨을 걸고 미미르에게 접근했다. 미미르는 오딘의 외삼촌이었다.

"미미르 삼촌, 당신의 샘에서 솟아난 물을 딱 한 모금만 마시고 제가 지혜로워지도록 허락해 주십시오. 저의 유일한 부탁입니다."

미미르는 고개를 가로저었다. 미미르 자신 외에는 샘물을 마실 수 없었다. 미미르는 아무 말도 하지 않았다. 침묵을 지키는 자는 실수하지 않는 법이다.

"전 당신의 조카입니다. 제 어머니 베스틀라가 바로 당신의 누이지 않습니까?"

"그것만으로는 안 된다."

미미르가 말했다.

"당신 샘의 물을 딱 한 모금만 마시면 저는 지혜로워질 수 있습니다. 샘물을 마시려면 어떤 대가를 치러야 하는지 말씀해 주십시오."

"내가 원하는 것은 너의 눈이다. 네 눈을 연못에 넣어라."

오딘은 자기 눈을 연못에 넣었다. 그는 꼭 목적을 달성하려 했다. 오딘은 걀라르호른에 샘물을 가득 채웠다. 그리고 물을 마셨다. 샘물은 차가웠다. 그는 샘물을 남김없이 마셨다. 샘물을 마시고 나자, 지금까지 상상할 수조차 없었던 지혜가 샘솟기 시작했다. 오딘의 눈은 하나밖에 남지 않았지만, 두 눈이 있을 때보다 더 멀리까지, 더 선명하게 무엇이든 볼 수 있었다. 오딘이 바친 눈은 지금도 미미르의 샘에 담겨 있다. 그 눈은 샘물 속에서 아무것도 보지 못하는 동시에 모든 것을 보고 있다.

　오딘은 걀라르호른을 신들의 파수꾼인 헤임달에게 주었다. 헤임 달이 걀라르호른을 부는 날에는 세상 모든 신들이 어디에 있건, 아무리 깊이 잠들었건 상관없이 깨어나게 될 것이다. 그날은 세상의 모든 것이 마지막을 맞는 라그나로크 때 한 번뿐이다.

문해력을 높여 주는 어휘

변	장
變	裝

➡ 본래의 모습을 알아볼 수 없게 하기 위하여 옷차림이나 얼굴, 머리 모양 따위를 다르게 바꿈

➡ 예 **변장**을 했더니 아무도 몰라본다.

세	계
世	界

➡ 지구상의 모든 나라. 또는 인류 사회 전체

➡ 예 미국은 **세계** 제일의 경제 대국이다.

파	수	꾼
把	守	꾼

➡ 경계하여 지키는 일을 하는 사람

➡ 예 **파수꾼**이 조는 사이에 적군이 침투했다.

배경지식

① 북유럽 신화에 등장하는 주요 신들

①오딘: 북유럽 신화에서 최고신으로 나와요. 그리스 로마 신화의 제우스와 비슷한 존재예요. 오딘은 미미르의 샘에 눈을 바쳐 풍부한 지혜를 소유하고 있어요. 그는 마법에도 아주 뛰어난 존재로 그려져요. 오딘은 지혜와 마법으로 적을 약하게 함으로써, 전쟁에서 항상 승리를 거둔답니다. 그는 하나밖에 없는 눈을 감추기 위해서 항상 모자를 깊이 눌러쓰고 있어요. 전투 중에 쓰러진 전사는 오딘의 발할라 궁으로 맞아들여 적과의 결전에 대비해요.

②토르: 오딘의 아들이자 천둥의 신, 농민의 신으로, 북유럽 신화에서 사람들이 가장 좋아하는 신이에요. 토르는 던지면 반드시 적을 쓰러뜨리는 '묠니르의 망치'라는 무기로 거인족을 물리쳐요. 가장 힘세고 강력한 신이지요. 전투력만큼은 신 중에서 최고이지만, 지혜는 자기 아버지인 오딘에게 미치지 못합니다. 토르는 꾀가 많은 로키에게 종종 놀림을 당하기도 한답니다. 영어로 목요일을 나타내는 'Thursday'는 '토르의 날'을 뜻해요.

③로키: 불의 신, 파괴와 재난의 신이에요. 로키는 원래 신들과 다투던 거인족이었지요. 하지만 최고신 오딘과 의형제를 맺었고, 신들의 고향인 아스

가르드에서 살 수 있었어요. 잘생긴 외모에 말재주가 뛰어나고 두뇌 회전이 빨라서 어려움에 빠진 신들을 돕기도 하지만, 못된 장난을 많이 치는 문제아랍니다. 그래서 로키는 '거짓말쟁이의 원조', '재난을 일으키는 자' 등으로 불리기도 해요.

로키는 신들에게 욕을 퍼붓거나, 토르의 아내 시프의 아름다운 금발을 잘라 버리기도 하고, 빛의 신 발드르를 죽도록 계략을 꾸미기도 합니다. 그러다 여러 신들의 분노로 지하의 큰 바위에 묶여 버려요. 라그나로크의 날에 지하에서 나와 괴물들을 이끌고 아스가르드에 쳐들어가 문지기의 신 헤임달과 싸우다 최후를 맞이합니다.

④ **프레위르/프레이야**: 원래 아스가르드의 신들과 다투던 바니르 신족이었어요. 볼모로 아스가르드에 와서 아스가르드의 신들과 함께 지냅니다. 프레위르는 풍작과 생식의 신, 프레이야는 아름다움과 사랑의 여신이에요.

⑤ **헤임달**: 아스가르드를 지키는 문지기의 신이에요. 신들의 세계인 아스가르드와 인간들의 세상 미드가르드를 이어 주는 비프로스트라는 다리를 지켜요. 우주 만물을 보고 듣는 능력이 있어요. 그는 세상의 끝까지 볼 수 있는 시각과 양털이 자라는 소리까지 들을 수 있는 청각을 가졌어요.

❷ 북유럽 신화에서 '라그나로크'란 무엇일까?

북유럽 신화의 세계관은 세상이 종말을 맞이한 후, 새롭게 시작된다는 것이에요. 라그나로크는 세계 종말의 날을 가리켜요. 라그나로크는 로키와 관련이 많아요. 로키는 자기 자식들과 함께 세상의 모든 것을 파괴해요. 라그나로크의 날, 문지기 신 헤임달이 거대한 걀라르호른을 불어 전투가 시작됨을 알립니다. 전투가 시작되면 오딘, 토르, 헤임달, 로키 등 주요 신들이 모두 전사하고 세상도 멸망해요. 라그나로크 이후에는 모든 것이 새롭게 시작됩니다.

고전 필사하기

| 침묵을 지키는 자는 실수하지 않는 법이다. |

| 침묵을 지키는 자는 실수하지 않는 법이다. |

▶▶▶ 미미르는 지혜를 상징하는 신이에요. 그런 미미르는 함부로 떠들지 않고, 깊이 생각하는 모습으로 그려지지요. 말을 너무 많이 하다 보면 실수하기 마련이에요. 침묵과 지혜의 관계에 대해 생각해 보세요.

이해력을 높여 주는 질문

1 미미르는 왜 조카인 오딘에게 아무런 대가 없이 샘물을 나눠 주지 않았을까요?

---

2 오딘은 가장 강력한 신이었음에도, 왜 목숨을 걸고 지혜를 얻으려고 했을까요?

생각을 키워 주는 글쓰기

1 우리가 지혜를 얻기 위해서는 어떤 대가가 필요할까요? 무엇을 희생해야 할까요?

지혜는 단순히 어떤 것을 아는 지식과는 다릅니다. 많은 경험을 한 사람과 그렇지 않은 사람을 떠올려 보세요.

생각을 키워 주는 글쓰기

2 눈을 연못에 넣어야 지혜를 얻는 것은 어떤 의미일까요?

'눈'이 실제로 하는 일을 생각해 보세요.

인간은
그 자체로
소중하다

《변신》

고전 읽기

그레고르 잠자는 어느 날 아침 불안한 꿈을 꾸다 잠에서 깨어났을 때, 자신이 침대에서 무서운 벌레로 변해 버린 것을 발견했다. 그는 철갑처럼 단단한 등을 침대에 대고 누워 있었다. 그가 머리를 조금 들어서 자기 몸을 바라보니, 아치 모양의 단단한 각질로 나뉜 불룩한 갈색 배와 그 위로 거의 미끄러져서 떨어질 듯 가까스로 배에 걸려 있는 이불이 보였다.

거대한 몸뚱이에 비해 비참할 만큼 가느다란 수많은 다리가 어찌할 바를 모르고 그레고르 잠자의 눈앞에서 버둥거렸다. 그는 '좀 더 잠을 자서 이 어처구니없는 일을 잊는 게 어떨까?'라고 생각했다. 하지만 그는 그렇게 할 수 없었다. 그레고르는 오른쪽으로 몸을 돌려

자는 습관이 있었는데, 벌레가 되어 버린 지금 상황에서는 도저히 몸을 돌릴 수 없었기 때문이다.

문밖에서 어머니가 부르는 소리에 그레고르는 대답하려 했다. 그러다 그는 자기 목소리에 소스라치게 놀랐다. 이전의 목소리는 사라졌다. 몸 아래에서 억누를 수 없이 고통스러운 '삐' 소리가 섞여 나왔다. 처음에 분명하던 말이 곧 그 울림이 깨지더니 무슨 말을 하는지 알아들을 수 없을 정도였다.

나무 문 때문에 밖에서는 그레고르의 목소리가 변한 것을 아마도 눈치채지 못한 듯했다. 어머니는 그레고르의 대답에 안심하고 가 버렸다.

그레고르는 몸을 움직이기 힘들었다. 누군가가 자기에게 도움을 준다면 얼마나 좋을까 하는 생각이 들었다. 그레고르는 집 안에서 힘이 센 두 사람, 아버지와 하녀를 떠올렸다. 이제 정말 도움을 구해야 할까? 이 모든 어려움에도 이런 생각에 그는 웃음을 참을 수 없었다.

그레고르의 직장 지배인이 집을 찾아왔다. 지배인이 말했다.

"우리처럼 사업하는 사람들은 몸이 좀 안 좋은 것쯤은 업무를 생각해서 흔히 그냥 넘어가야 하지요."

조바심이 난 아버지가 그레고르에게 물었다.

"지배인님이 방으로 들어가도 되겠니?"

아버지는 다시 방문을 두드렸다.

"아니요, 안 됩니다."

그레고르가 대답했다. 왼쪽 방에서는 어찌할 바를 모르는 고요함
이 흘렀고, 오른쪽 옆방에서는 여동생이 훌쩍거리기 시작했다.

문해력을 높여 주는 어휘

울	림
울	림

➡ 소리가 무엇에 부딪쳐 되울려 나오는
현상. 또는 그 소리

➡ 예 괘종시계의 둔탁한 **울림**이 어둠을 휘저어 놓았다.

안	심
安	心

➡ 모든 걱정을 떨쳐 버리고 마음을 편히 가짐

➡ 예 여행 갈 때 선생님이 따라가신다니 **안심**이다.

지	배	인
支	配	人

➡ 상업 사용인의 하나. 상인을 대신하여 영업
에 관한 일체의 업무를 처리하는 권한을 가
진 최고 책임자를 이른다.

➡ 예 레스토랑의 **지배인**은 손님들에게 매우 친절
하다.

배경지식

① 《변신》은 어떤 내용일까?

《변신》 속 주인공은 '그레고르 잠자'라는 직장인입니다. 그는 어느 날 잠에서 깨어나 놀라운 광경을 보게 됩니다. 자기가 거대한 벌레로 변해 있었던 것이지요. 다행히 그레고르가 깨기 전에 가족들은 방에 들어오지 않았고, 처음에는 그가 벌레로 변해 버렸다는 사실을 알지 못해요. 그레고르는 자기 모습을 가족들에게 보일 수 없어서 방 안에 갇혀 가족들이 주는 먹이를 받아먹으며 비참하게 살게 돼요.

그레고르는 집에서 유일하게 돈을 버는 가장 역할을 하고 있었어요. 하지만 이제 벌레가 되어 버려, 더 이상 돈을 벌 사람이 없어졌어요. 그레고르의 변신 때문에 집안 살림이 몹시 가난해졌답니다. 가족들은 돈을 벌기 위해 집을 여관으로 꾸며요. 그리고 집에 묵는 손님들을 위해 그레고르의 여동생이 저녁 식사 때 바이올린을 연주하기도 한답니다.

가족들은 이제 돈을 벌 수 있게 되면서 벌레가 된 그레고르가 필요하지 않게 되었어요. 벌레 그레고르는 점점 가족들의 싸늘한 시선을 느끼게 됩니다. 그레고르는 이런 상황을 바라보면서도 아무것도 할 수 없어요. 벌레로 변했기 때문에 대화를 할 수도 없고, 일도 할 수 없으니까 말이에요.

그레고르는 방 밖으로 나가려다가 아버지가 던진 사과에 맞아요. 그 상처가 덧나 어둠 속에서 홀로 죽음을 맞이합니다. 그레고르의 죽음은 존중받지 못해요. 벌레의 시체를 일을 도와주는 하녀가 마치 쓰레기와 같이 취급하며 내다 버려요.

　그레고르의 죽음에 가족들은 별다른 애도를 하지 않아요. 오히려 그레고르 때문에 겪었던 마음의 고통이 사라지자, 가족들은 밝은 모습을 보이지요.

❷ 인간 소외 문제

'인간 소외'란 인간성이 상실되어 인간다운 삶을 잃어버리는 것을 말해요. 문명이 점점 발달하고 사회 조직이 거대해질수록 그 속에서 인간은 행복해지는 것이 아니라 오히려 인간성을 잃어 갈 수 있어요.

　《변신》에서 그레고르는 '돈을 벌어다 주는' 기능을 했을 때만 가족에게 인정받아요. 그가 그 기능을 잃어버린 순간부터 가족들은 그를 멀리하고 외면하기 시작합니다. 물론 가족들이 처음에는 그레고르를 불쌍하게 생각하지만, 점점 시간이 흐르면서 그를 짐처럼 여기고, 급기야 그가 죽기를 바랍니다. 아무런 쓸모도 없고, 오히려 가족들의 생활에 방해가 되기 때문이었지요. 결국 그레고르는 삶의 의미를 잃어버리고 쓸쓸하게 죽음을 맞이하게 됩니다.

　인간을 인간 그 자체로 소중하게 여기지 않고, 어떤 기능을 만족스럽게 할 때만 인정하는 것은 인간 소외의 한 모습이라고 할 수 있습니다.

고전 필사하기

그레고르 잠자는 어느 날 아침 불안한 꿈을 꾸다 잠에서 깨어났을

때, 자신이 침대에서 무서운 벌레로 변해 버린 것을 발견했다.

그레고르 잠자는 어느 날 아침 불안한 꿈을 꾸다 잠에서 깨어났을

때, 자신이 침대에서 무서운 벌레로 변해 버린 것을 발견했다.

▶▶▶ 꼭 벌레가 아니더라도 우리가 어떤 역할을 해내지 못하는 상
태가 된다고 생각해 보세요. 그렇게 '변신'했을 때 주변 사람들은 어
떻게 반응할까요? 갑자기 사고로 걷지 못하게 되는 것처럼, 원래는
손쉽게 할 수 있었던 것을 해내지 못할 때, 나의 가치는 떨어지는 것
일까요?

이해력을 높여 주는 질문

1 지배인이 왔을 때 아버지는 왜 조바심이 났을까요?

----

2 그레고르가 문을 열어 주지 않았을 때 여동생은 왜 훌쩍거리기 시작했을까요?

1 내가 만약 자고 일어났을 때 벌레로 변해 있다면 어떨까요?

가족들과 대화조차 할 수 없다면 무엇을 할 수 있을지 상상해 보세요.

생각을 키워 주는 글쓰기

2 내가 한 사람으로 역할을 제대로 하지 못할 때 가족들은 무슨 생각을 할까요?

먼저 가족이란 어떤 존재인지 생각해 보세요.

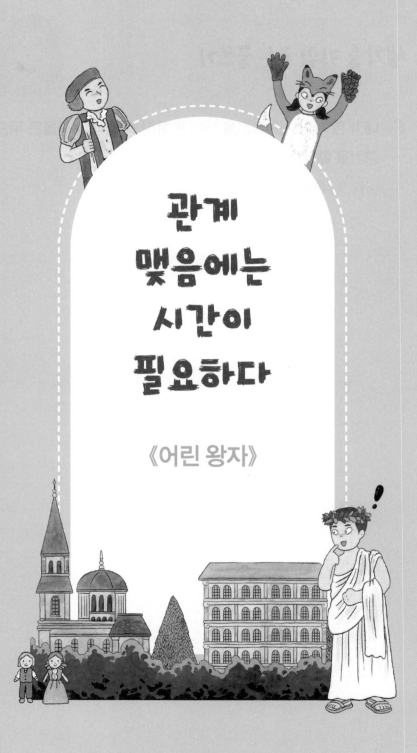

관계 맺음에는 시간이 필요하다

《어린 왕자》

고전 읽기

"사람들은 어디에 있는 거야? 사막에서는 조금 외롭구나……."

어린 왕자가 말했다.

"사람들 속에서도 외롭기는 마찬가지야."

뱀이 말했다.

"참 이상한 별이야! 메마르고 뾰족뾰족하고 험하고, 게다가 사람들은 상상력도 없이 남이 하는 말만 되풀이해. 내 별에 있는 그 장미꽃은 언제나 나에게 먼저 말을 걸어왔는데……."

어린 왕자는 사막에서 여우를 만났다.

"난 너와 함께 놀 수 없어. 나는 길들여지지 않으니까."

여우가 말했다.

"난 친구를 찾고 있어. 그런데 '길들인다'라는 게 무슨 말이니?"

어린 왕자가 말했다.

"그건 사람들 사이에서는 잊힌 것인데……, '관계를 만든다'라는 뜻이야."

여우가 대답했다.

"관계를 만든다고?"

"그래, 너는 나에게 아직은 다른 수많은 소년과 다를 것이 없는 사람이지. 그래서 난 네가 필요하지 않아. 나도 너에게 그저 평범한 한 마리의 여우일 뿐이야. 하지만 네가 나를 길들인다면 우리는 서로 필요하게 되는 거야. 너는 나에게 이 세상에 단 하나뿐인 존재가 되는 거고, 나도 너에게 세상에 하나뿐인 존재가 되는 거야."

여우가 계속 말했다.

"만약 네가 나를 길들인다면 내 일상은 환히 밝아질 거야. 나는 네 발걸음 소리와 다른 발걸음 소리를 구별하게 될 거야. 나는 다른 사람의 발걸음 소리에 땅 밑으로 숨을 거야. 하지만 네 발걸음 소리는 마치 음악처럼 나를 밖으로 불러낼 거야!"

"황금빛 머리카락을 가진 네가 나를 길들인다면 정말 멋질 거야! 그러면 나는 밀밭이 황금빛으로 물결칠 때마다 너를 생각할 테니까……. 그러면 밀밭 사이로 부는 바람 소리도 사랑하게 될 테니까……."

여우는 한참 동안 말없이 어린 왕자를 바라보았다. 그러고 나서 입을 열었다.

"부탁이야……. 나를 길들여 줄래?"

"길들이려면 인내심이 필요해. 처음에는 나에게서 조금 떨어진 이 풀밭에 앉아 있어. 그러면 나는 너를 곁눈질로 가끔 쳐다볼 거야. 너는 아무 말도 하면 안 돼. 말은 오해의 근원이지. 그리고 넌 날마다 나에게 조금씩 더 가까이 앉으면 돼……."

"네가 오후 4시에 온다면, 나는 3시부터 행복해질 거야. 4시가 가까워질수록 난 점점 더 행복해지겠지. 4시에는 흥분해서 안절부절 못할 거야. 그래서 행복이 얼마나 값진 것인지 알게 되겠지! 하지만 네가 아무 때나 오면 몇 시에 마음의 준비를 해야 하는지 모르잖아. 의식이 필요하거든."

여우는 어린 왕자가 자신의 소행성에 두고 온 장미꽃 이야기를 듣고 말했다.

"네 장미꽃이 그토록 소중한 이유는 그 장미꽃을 위해 네가 공들인 그 시간 때문이야."

"하지만 너는 네가 길들인 것에 언제까지나 책임이 있다는 사실을 잊으면 안 돼. 너는 네 장미에 대해 책임이 있는 거야."

문해력을 높여 주는 어휘

책	임
責	任

➡ 맡아서 해야 할 임무나 의무

➡ 예 대통령의 국민에 대한 **책임**

관	계
關	係

➡ 둘 이상의 사람, 사물, 현상 따위가 서로 관련을 맺거나 관련이 있음. 또는 그런 관련

➡ 예 요즘 사람들은 맺었던 **관계**를 깨는 데 익숙하다.

의	식
儀	式

➡ 행사를 치르는 일정한 법식. 또는 정하여진 방식에 따라 치르는 행사

➡ 예 성대한 **의식**을 거행하다.

배경지식

1 《어린 왕자》는 어떤 내용일까?

비행기 조종사인 주인공은 사하라 사막에서 비행기 사고가 나고 맙니다. 어쩔 수 없이 사막에 불시착한 조종사는 과연 살아서 돌아갈 수 있을지 걱정이 되지요. 이때 사막 한가운데에서 우연히 한 소년을 만나게 되는데, 그 소년은 자신을 왕자라고 합니다.

어린 왕자는 작은 소행성에서 살다가 왔다고 말해요. 그리고 자기가 살았던 곳에 대해서 말해 줍니다. 어린 왕자는 우연히 만난 장미꽃을 사랑하게 되었어요. 장미꽃도 어린 왕자를 좋아했지요. 하지만 장미꽃은 자존심이 너무 강했어요. 장미꽃은 어린 왕자에게 상처를 주었지요.

어린 왕자는 장미꽃과 자기 별을 떠납니다. 어린 왕자는 여러 별을 방문하는데, 그곳에서 만난 사람들은 좀처럼 이해하기 힘든 어른들이었어요.

어린 왕자는 여행 끝에 지구에 오게 됩니다. 어린 왕자가 지구에서 처음 만난 것은 뱀이었어요. 뱀은 언제든 어린 왕자가 원한다면 어린 왕자의 별로 다시 돌아갈 수 있게 도와준다고 합니다. 또 어린 왕자는 여우를 만나 다른 존재와의 관계에서 중요한 '길들인다'라는 의미와 책임감에 대해 배웁니다.

여우와의 만남을 통해 어린 왕자는 정원의 수천 송이 장미꽃보다 자기와 관계를 맺은 한 송이의 장미꽃이 더 소중하다는 사실을 깨닫게 됩니다. 어린 왕자는 장미꽃이 다시 보고 싶어졌어요. 자기 별로 돌아갈 때가 된 것이지요.

주인공은 고장 난 비행기를 수리하고 어린 왕자에게 함께 가자고 하지만, 어린 왕자는 장미꽃을 보러 가는 쪽을 선택해요. 그리고 뱀에게 물려 지구를 떠나요. 조종사는 밤하늘의 별을 볼 때면 어린 왕자와 그의 장미꽃을 떠올린답니다.

② 함께 읽으면 좋은 시

수천 송이의 장미꽃보다 나와 관계 맺은 한 송이의 장미꽃이 나에게는 더 소중할 수 있어요. 그것이 관계의 힘이지요. "내가 그의 이름을 불러 주었을 때,

그는 나에게로 와서 꽃이 되었다"라는 구절로 유명한 김춘수 시인의 시 〈꽃〉은 이런 관계의 의미에 대해 생각해 볼 수 있는 좋은 시랍니다. 꼭 찾아서 읽어 보세요.

고전 필사하기

> 황금빛 머리카락을 가진 네가 나를 길들인다면 정말 멋질 거야!
>
> 그러면 나는 밀밭이 황금빛으로 물결칠 때마다
>
> 너를 생각할 테니까…….

> 황금빛 머리카락을 가진 네가 나를 길들인다면 정말 멋질 거야!
>
> 그러면 나는 밀밭이 황금빛으로 물결칠 때마다
>
> 너를 생각할 테니까…….

▶ ▶ ▶ 사막에서 여우가 어린 왕자에게 이 말을 하는 장면을 상상해 보세요. 아름다운 우정을 나누는 모습이 그림처럼 펼쳐집니다.

이해력을 높여 주는 질문

1 왜 뱀은 사람들 속에서도 외롭다고 말했을까요?

---

2 여우는 왜 길들인 것에 대해서는 책임이 있다고 했을까요?

생각을 키워 주는 글쓰기

1 《어린 왕자》를 읽고 '길들인다'라는 것이 무엇인지 생각해 보세요. 내가 생각하는 길들임은 무엇인가요?

길들임에 대해서 여우가 한 말을 찬찬히 살펴보세요.

생각을 키워 주는 글쓰기

2 내가 길들이고 싶은, 혹은 나를 길들여 달라고 부탁하고 싶은
대상이 있다면 누구인가요?

꼭 사람이 아니더라도 괜찮아요. 친밀한 관계를 맺고 싶은 대상을 자
유롭게 떠올려 보세요.

인간은 패배하지 않는다

《노인과 바다》

고전 읽기

노인이 바다로 나온 이래 세 번째 날이 밝았다. 낚시에 걸린 물고기가 배 주위를 돌기 시작했다.

"이제 저놈이 크게 원을 그리는군. 있는 힘껏 줄을 붙잡고 있어야 해."

그런 식으로 낚싯줄에 힘을 주자 물고기가 그리는 원이 매번 짧아졌다.

'어쩌면 한 시간 안에 저놈을 볼 수도 있겠어. 곧 뛰어오를 거야. 버틸 수 있어.'

'이봐, 넌 나를 죽이고 있어. 하지만 넌 그럴 권리가 있어. 내 평생 너처럼 거대하고, 아름답고, 침착하고, 고상한 녀석을 본 적이 없단 말이야. 형제여, 어서 와서 나를 죽여라. 나는 누가 누구를 죽이든 신경 쓰지 않을 거야. 이제 의식이 흐려지고 있어. 정신을 똑바로 차려야 해. 사람답게 고통을 견디는 방법을 알아야 해.'

물고기의 옆구리가 노인의 가슴 높이에 와 있었다. 노인은 낚싯줄을 내려놓고 발로 밟으면서 작살을 높이 치켜올렸다. 그리고 있는 힘을 다해 물고기의 커다란 지느러미 바로 뒤 옆구리에 작살을 박아 넣었다.

물고기는 죽음을 예견한 듯 공중으로 높이 뛰어올랐다. 마치 배에서 있는 노인의 머리 위 높은 하늘에 매달린 것 같았다. 이어 '콰쾅' 하는 소리와 함께 물속으로 떨어져 바닷물을 노인의 온몸과 배의 바닥에 뿌려 댔다. 바다는 물고기의 심장에서 흘러나온 피로 검붉었다. 노인은 잡은 물고기를 배에 묶었다.

청상아리를 본 노인은 놈이 겁 없고 제멋대로라는 것을 알아보았다. 노인의 머리는 이제 맑아졌고, 또 고기를 지키겠다는 결심은 단단했으나 희망은 별로 없었다.

'너무 좋은 일은 오래가지 못하는구나.'

그는 상어가 다가오는 것을 보면서 뱃전에 묶어 둔 커다란 고기를 한번 쳐다보았다.

'너무 좋은 일은 꿈과 비슷해.'

노인은 피 묻은 손으로 온 힘을 다해 상어의 머리에 작살을 찔러

넣었다.

'차라리 이게 꿈이었더라면. 저 고기를 낚지 않고 신문지 깐 침대 위에 그냥 누워 있었더라면. 인간은 패배하기 위해 태어난 것이 아니야. 인간은 파괴될 수는 있지만 패배하지는 않는 거야.'

'상어들이 다시 공격해 오겠지. 어둠 속에서 무기도 없는데 내가 뭘 할 수 있을까?'

마침내 상어 한 마리가 물고기 머리를 향해 달려들었다. 노인은 이제 싸움이 끝났다는 것을 알았다. 노인은 키 손잡이로 상어의 머리를 세 번 내리쳤다. 키 손잡이가 부러졌다. 노인은 부러져 뾰족해진 부분으로 상어의 머리를 계속 찔렀다. 마침내 상어는 물고기를 놓고 뒤로 물러났다. 이제 더 뜯어 먹을 것도 없었다.

자기 오두막 안으로 들어간 노인은 돛대를 벽에다 기대어 세웠다. 그는 신문지 위에서 두 팔을 쭉 뻗고 손바닥은 위로 한 채로 엎드려 잠을 잤다.

많은 어부가 노인의 배 주위에 모여 섰다. 그들은 배 옆에 묶여 있는 것을 바라보았다. 한 어부가 바지를 걷어 올리고는 줄자로 그 뼈대의 길이를 쟀다.

길 위에 있는 노인의 오두막에서, 노인은 다시 잠들어 있었다. 노인은 사자 꿈을 꾸고 있었다.

패	배
敗	北

➡ 겨루어서 짐

➡ 예 나의 사전에 **패배**란 없다.

예	견
豫	見

➡ 앞으로 일어날 일을 미리 짐작함

➡ 예 그녀가 금메달을 딴다던 그의 **예견**은 적중하였다.

노	인
老	人

➡ 나이가 들어 늙은 사람

➡ 예 젊은 사람들이 모두 도시로 빠져나가고 마을에는 **노인**만 남았다.

배경지식

① 《노인과 바다》는 어떤 내용일까?

《노인과 바다》의 주인공은 산티아고라는 이름의 노인이에요. 그는 쿠바 섬해변 오두막집에서 혼자 살고 있어요. 하지만 그는 그리 외롭지는 않았어요. 그에게 고기잡이를 배우러 오는 마놀린이라는 소년이 있었기 때문이지요.

노인은 84일간이나 고기를 잡지 못했어요. 그러자 마놀린의 부모는 불운

한 노인과는 고기잡이를 하지 못하게 했지요. 하지만 노인은 좌절하지 않아요. 그는 85일째 되는 날 또 배를 타고 바다로 나갑니다. 혼자서 먼바다로 나가 고기잡이를 시도하지요. 그리고 자기가 탄 배보다 큰 물고기를 잡는 데 성공해요. 물고기의 힘이 워낙 세서 낚싯줄을 잡은 노인은 배 안에서 쓰러지고 눈이 찢어져 피를 흘리기도 해요. 노인은 다음 날까지 고기에게 끌려다니지만, 생선을 생으로 씹어 먹으면서 버텨요.

바다로 나간 사흘째, 드디어 노인과 물고기의 사투가 벌어져요. 노인은 물고기의 옆구리에다 작살을 꽂는 데 성공하지요. 노인은 사흘간의 싸움 끝에 고깃배보다 큰 물고기를 잡은 거예요.

하지만 기쁨도 잠시였어요. 노인은 돌아오는 길에 물고기의 피 냄새를 추격하는 상어들의 공격을 받아요. 노인은 여러 마리의 상어를 물리치지만, 계속되는 상어들의 공격에 물고기는 뼈만 남아요. 해변에 도착한 노인은 자기 오두막집으로 들어가 쉽니다. 사람들은 뼈만 남은 물고기의 길이를 재고, 노인은 깊은 잠 속에서 사자 꿈을 꿉니다.

2 헤밍웨이의 글

헤밍웨이는 소설에서 감정을 크게 드러내지 않아요. 눈앞에 벌어지는 사실에 대해 사실만을 담담하게 보여 주지요. 직접적으로 인물들의 생각을 서술하지 않고 그들의 말이나 행동을 통해서 넌지시 보여 준답니다. 그래서 글이 좀 차갑다는 느낌이 들 수도 있어요.

헤밍웨이의 작품도 위대하지만, 그의 문체가 더 멋진 유산이라고 평가하는 사람들도 있어요. 어려운 용어를 쓰지 않고 쉽게 썼기 때문에 처음 영문학을 공부하는 사람들이 접하기에 좋은 작품이 많아요. 헤밍웨이는 "어려운 단어를 써야만 감동할 수 있는 것은 아니다"라고 말하기도 했어요.

고전 필사하기

인간은 패배하기 위해 태어난 것이 아니야.

인간은 파괴될 수는 있지만 패배하지는 않는 거야.

인간은 패배하기 위해 태어난 것이 아니야.

인간은 파괴될 수는 있지만 패배하지는 않는 거야.

▶▶▶ 노인은 애써 잡은 커다란 물고기를 지키지 못합니다. 잇따른 상어들의 공격으로 물고기는 뼈만 남게 되지요. 하지만 노인은 자기가 패배했다고 생각하지 않습니다. 자기 일에 최선을 다하고 희망을 잃지 않는 한, 패배한 것이 아니라고 여겼기 때문이에요.

이해력을 높여 주는 질문

1 노인이 물고기에게 자신을 죽일 권리가 있다고 생각한 이유는 무엇일까요?

----

2 커다란 물고기를 잡는 기회를 얻었는데, 왜 노인은 좋은 일이 꿈과 비슷하다고 생각했을까요?

생각을 키워 주는 글쓰기

1 노인이 물고기를 형제로 느낀 이유는 무엇이었을까요?

《노인과 바다》에는 노인이 지금은 늙었지만, 예전에는 팔씨름을 우
승할 정도로 힘이 셌다는 내용이 나온답니다. 그 점을 생각해 보세요.

생각을 키워 주는 글쓰기

2 노인이 자면서 사자 꿈을 꾼 것은 어떤 의미일까요?

사자가 어떤 동물인지 생각해 보세요. 그러면 사자 꿈의 의미를 짐작할 수 있답니다.

문명과
질서가
인간성을
지킨다

《파리 대왕》

저자 소개 윌리엄 골딩(1911 ~ 1993)

영국의 소설가이자 시인이에요. 《파리 대왕》으로 1983년에 노벨 문학상을 받았어요. 그는 작품 속에서 인간 내면에 자리 잡은 악을 드러냈어요. 대표작으로 《파리 대왕》, 《계승자들》 등이 있어요.

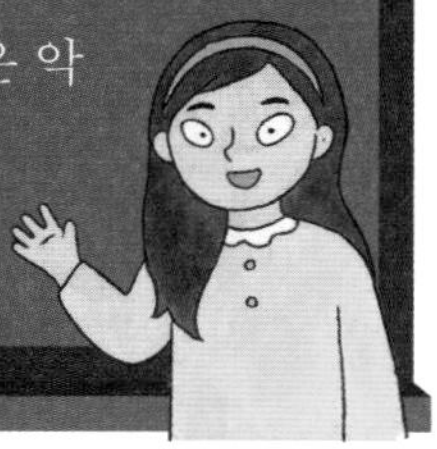

고전 읽기

사이먼은 아이들이 막연하게 두려워한 존재가 조종사의 시체인 것을 알아냈다. 그는 그 사실을 알려 주려고 산에서 내려왔다. 잭은 자기를 따르는 소년들과 함께 멧돼지를 잡아 파티를 열었다.

잭이 말했다.

"내 편으로 들어올 사람?"

아이들이 하나둘 말했다.

"내가 들어가겠어!"

"나도."

잭은 모래톱으로 뛰어내리며 말했다.

"우리의 춤을 추자! 자, 시작! 춤을 추라고!"

소년들은 소란을 피우며 그를 따라갔다. 무섭게 으르렁거리는 하늘 아래, 피기와 랠프는 이 광기 어린, 하지만 어느 정도 안정된 집단 속에 끼고 싶었다.

새까만 하늘에 번개가 쳤다. 소년들이 부르는 노래가 점점 커졌다.

"짐승을 죽여라! 목을 따라! 피를 흘려라!"

그때 무언가가 숲속에서 기어 나왔다. 까맣고 어두워 무엇인지 분명하지 않았다. 그것은 말굽 모양으로 둘러서 있는 소년들 속으로 비틀거리며 들어갔다.

"짐승을 죽여라! 목을 따라! 피를 흘려라!"

천둥소리가 견딜 수 없이 크게 울렸다. 사이먼은 아이들에게 산 위에 있는 조종사의 시체에 대해 뭐라고 소리를 질렀다. 하지만 억수처럼 쏟아지는 빗속에서 소년들은 고함을 지르고 주먹질했다.

잭의 무리는 랠프를 따르는 소년들을 공격해서 피기의 안경을 빼앗아 갔다. 불을 지피기 위해서였다. 그것을 찾으러 갔다가 피기는 로저가 굴린 돌에 맞아 바다로 떨어지고 말았다. 이제 랠프 무리에는 아무도 남지 않았고, 잭의 무리는 멧돼지 사냥을 하듯 숲에 불을 지르고 랠프를 추격했다.

피기와 사이먼의 죽음이 습기처럼 섬을 덮었다. 얼굴을 색칠한 야만인들은 점점 더 고약해질 것 같았다. 랠프는 캄캄한 나무 밑에 무릎을 꿇고 앉았다. 깊은 밤의 공포가 밀려왔다.

잭의 무리가 지른 불을 피해, 그들의 추격을 피해 랠프는 섬의 해변까지 도망쳤다. 한 해군 장교가 모래 위에 서서 랠프를 보았다.

"어른들도 함께 있는 거니?"

랠프는 말없이 고개를 가로저었다.

"너희들이 피운 연기를 보았단다. 무엇을 하고 있었던 거니?"

"죽은 건 두 명뿐입니다. 그 아이들의 시체는 없어요."

"처음엔 아이들과 마음이 맞았어요. 그러다가……."

장교는 고개를 끄덕여 주었다. 랠프는 말없이 그를 쳐다보았다. 이제 섬은 죽은 나무와 같이 시들어 버렸다.

랠프의 눈에서 눈물이 흘렀다. 그는 몸부림치며 목메어 울었다. 이 섬에 온 이래 처음으로 랠프가 울음을 터뜨렸다. 온몸을 뒤흔드는 듯한 크나큰 슬픔의 발작에 몸을 떠맡긴 채 그는 울고 또 울었다. 섬은 불길에 싸여 엉망이 되고 검은 연기 속에서 랠프의 울음소리는 높아만 갔다. 그의 슬픔에 감염되어 다른 소년들도 하나둘 몸을 떨며 흐느꼈다. 그 소년들의 한가운데에서 지저분한 몸에 머리는 헝클어지고 콧물을 흘리며 랠프는 울었다. 잃어버린 순결과 인간성의 어두움과 피기라는 착실하고 지혜로운 친구가 떨어져 죽은 일이 슬퍼 울었다.

문해력을 높여 주는 어휘

집	단
集	團

➡️ 여럿이 모여 이룬 모임

➡️ **예** 개미나 벌들은 **집단**을 이루고 산다.

순	결
純	潔

➡️ 잡된 것이 섞이지 아니하고 깨끗함

➡️ **예** 그는 **순결**한 영혼을 가졌다.

야	만	인
野	蠻	人

➡️ 미개하여 문화 수준이 낮은 사람

➡️ **예** 너희는 더 이상 **야만인**이 아니고 문명인이다.

배경지식

1 《파리 대왕》은 어떤 내용일까?

전쟁이 일어나고, 아이들을 태운 비행기가 무인도에 추락합니다. 영국에서 출발한 비행기가 공격을 받고 추락하게 된 것이었어요. 살아남은 아이들 중 랠프라는 소년이 소라를 불어 아이들을 모읍니다. 아이들은 투표를 해서 잘생기고, 소라를 불어 자기들을 모은 랠프를 대장으로 뽑지요. 이때 성가대원들의 리더였던 잭이 2인자가 되어 사냥을 담당하게 됩니다.

랠프는 불을 피워 구조 신호를 계속 보내야 한다고 생각하지만, 잭은 멧돼지를 잡아 사냥하면서 섬에서 살아가는 쪽을 택합니다. 아이들은 불을 잘 관리해 신호를 보내야 한다는 랠프의 말을 적극적으로 따르지 않아요. 특히 잭은 멧돼지를 잡느라 해변에 불을 피우는 임무를 소홀히 해요. 하필 그때 구조선이 무인도를 그냥 지나쳐 버리지요. 랠프와 잭은 이때부터 사이가 심하게 벌어지기 시작해요.

결국 잭은 자기를 따르는 소년들을 데리고 랠프를 떠나게 돼요. 잭은 멧돼지를 사냥해, 고기를 미끼로 랠프 쪽 소년들을 자기편으로 끌어들여요. 잭은 랠프마저 자기편으로 만들기 위해 멧돼지 고기 파티에 랠프와 그 일행을 초대해요.

이때 사이먼이라는 소년이 아이들이 막연하게 두려워하던 산꼭대기의 존재가 조종사의 시체인 것을 알아냈어요. 그리고 그 사실을 알리려고 잭의 무리가 광란의 춤을 추고 있던 곳에 들어와요. 아이들은 사이먼을 짐승으로 잘못 알고 흥분해서 죽이고 맙니다.

랠프와 소년들은 놀라 해변으로 달아나요. 잭의 무리는 불을 피우기 위한 도구가 필요했어요. 랠프 쪽 피기의 안경이 필요했지요. 잭과 소년들은 한밤중에 랠프 일행을 공격해 피기의 안경을 훔쳐 달아납니다.

화난 랠프 무리는 피기의 안경을 되찾으려고 잭을 만나러 가는데, 로저가 굴린 바위에 맞아 피기가 죽고 맙니다. 랠프는 잭의 무리에 쫓기고, 잭의 무리는 섬에 불을 질러 버려요. 그 불을 보고 마침 지나가던 해군이 섬에 오게 되고, 아이들은 마침내 어른들과 문명과 다시 만나게 됩니다. 모든 아이가 울면서 소설은 끝이 나요.

② 인간에게는 원래 어두운 본성이 있는 것일까?

《파리 대왕》은 실험적인 소설이에요. 어른이 단 한 명도 없는 무인도라는 실험 공간에서 순수한 소년들이 어떻게 변해 가는지 볼 수 있어요. 아이들은 처음에 서로 협력했어요. 하지만 언젠가부터 의견 일치가 되지 않고, 두 무리로 갈라서게 되지요. 그리고 서로 미워하기 시작합니다. 그러다 몇몇 아이가 죽고 나중에는 자기들이 리더로 뽑았던 랠프를 사냥해 죽이려고까지 합니다.

동양의 사상가 맹자는 인간의 본성을 선하다고 생각했어요. 이를 '성선설 (性善說)'이라고 해요. 이에 반해 순자는 인간의 본성을 악하다고 생각했지요. 이런 관점을 '성악설(性惡說)'이라고 해요.

우리의 마음에는 원래 어두운 면이 있을까요? 아니면 여러 가지 상황 때문에 어두운 마음이 생겨나는 것일까요? 원래부터 어두운 본성이 진짜로 존재하는 것인지, 아니면 나중에 배우게 되는 것인지 생각해 볼 수 있는 소설이에요.

고전 필사하기

잃어버린 순결과 인간성의 어두움과 피기라는 착실하고 지혜로운

친구가 떨어져 죽은 일이 슬퍼 울었다.

잃어버린 순결과 인간성의 어두움과 피기라는 착실하고 지혜로운

친구가 떨어져 죽은 일이 슬퍼 울었다.

▶ ▶ ▶ 순수했던 아이들이 어른들이 없는 무인도에서 살면서 점차 어두운 본성이 깨어납니다. 소년들은 두 패로 갈라져 다투다가 해치 기도 하지요. 인간의 어두운 본성 때문에 벌어진 일로 상처받은 랠 프의 심정을 느낄 수 있는 문장이에요.

이해력을 높여 주는 질문

1 피기와 랠프가 잭의 무리에 끼고 싶다는 생각이 든 이유는 무엇일까요?

----

2 랠프는 잭의 무리가 왜 야만인이라고 생각했을까요?

생각을 키워 주는 글쓰기

1 랠프와 아이들은 마지막 장면에서 왜 울었을까요?

아이들이 자기들끼리만 무질서한 상태로 있다가 어른을 만났어요. 어떤 기분이 들었을지 생각해 보세요.

---

2 인간에게는 원래 악한 본성이 있는 것일까요?

어떤 상황이 되었다고 해서 모든 사람이 악해지는 것은 아니라는 사실을 생각해 보세요.

스스로 만든
한계에
갈히지 말라

《갈매기의 꿈》

고전 읽기

아침이 밝았다. 태양이 잔물결 이는 잔잔한 바다에서 금빛으로 빛났다. 해안으로부터 2킬로미터 못 미치는 곳, 낚싯배에서 바다에 밑밥을 뿌렸다. 아침 먹잇감을 찾는 새들에게 소식이 전해졌다. 1,000마리쯤 되는 갈매기 떼가 먹이를 얻으려고 서로 밀며 다투었다. 분주한 하루의 시작이었다.

저 멀리, 배와 해변에서 떨어진 곳에 갈매기 조너선 리빙스턴은 혼자서 연습 중이었다. 30미터 하늘에서 조너선은 물갈퀴를 내리고 부리를 든 채, 날개의 비틀림을 고통스럽게 유지하려 애썼다.

갈매기는 비행에 대해 아주 간단한 방법만 배운다. 그들은 바닷가에서 먹이가 있는 곳으로 갔다가 돌아오는 것만 배우는 것이다. 대개 갈매기에게는 비행이 아니라 먹이가 중요했다. 하지만 조녀선에게는 먹이가 아니라 비행이 더 중요했다. 갈매기 조녀선 리빙스턴은 무엇보다도 하늘을 나는 게 좋았다.

조녀선은 이런 생각을 하면 다른 새들 사이에서 인기를 얻지 못한다는 사실을 알고 있었다. 그가 하루 종일 혼자 수백 번씩 낮은 하늘에서 활공을 연습하자 부모님도 실망했다.

어머니가 물었다.

"존, 도대체 왜 그러니? 보통 새들처럼 사는 게 왜 그렇게 어려운 거니? 활공은 펠리컨이나 알바트로스에게 맡기면 되잖니? 왜 제대로 먹지 않는 거야? 비쩍 마른 것 좀 봐!"

"엄마, 비쩍 말라도 상관없어요. 저는 공중에서 무엇을 할 수 있고, 할 수 없는지 알고 싶을 뿐이에요. 그게 다예요. 그냥 그게 알고 싶어요."

아버지가 인자하게 말했다.

"조녀선, 겨울이 얼마 남지 않았단다. 배들이 나오지 않으면 수면 가까이 있던 물고기 떼는 물속 깊이 들어갈 거야. 먹이를 어떻게 잡을지에 대해 연구해야 한단다. 활공으로 먹고살 수는 없는 노릇이야. 우리가 나는 이유가 먹이를 구하기 위해서라는 것을 잊지 말거라."

조녀선은 공손하게 고개를 끄덕였다. 이후 며칠간 그는 다른 갈매기들처럼 행동하려고 애썼다. 꽥꽥거리면서 다른 새들과 다투고, 물고기와 빵 조각을 차지하려고 달려들었다. 하지만 제대로 할 수 없었다.

조너선의 내면에서 목소리가 들렸다.

'다른 길은 없어. 나는 한계가 많은 갈매기야. 내가 나는 것에 대해 많이 알 운명이라면 이해력이 좋았겠지. 내가 빠른 속도로 날 운명이라면 매처럼 날개가 짧았을 거야. 물고기가 아니라 쥐를 먹고 살았을 거라고. 아버지 말씀이 옳았어. 이 엉뚱한 짓은 집어치워야 해. 집으로, 갈매기 무리로 돌아가서 이대로 만족하며 살아야 해. 한계가 많은 처량한 갈매기로.'

목소리가 잦아들었고, 조너선은 내면의 목소리에 동의했다.

'밤에 갈매기가 있어야 할 곳은 해안가야. 그러니 이 순간부터 평범한 갈매기가 돼야지.'

조너선은 다른 갈매기들과 똑같은 갈매기가 되겠다고 마음먹었다. 그러자 마음이 한결 가벼웠다. 이제 배우려고 애쓰지 않아도 되고, 더 이상 도전도 없고 실패도 없을 터였다. 그리고 생각을 멈추고 해안 위의 빛을 향해 어둠 속을 나는 것도 근사했다.

문해력을 높여 주는 어휘

해	안
海	岸

➡ 바다와 육지가 맞닿은 부분

➡ 예 배가 **해안**에 정박해 있다.

밑	밥
밑	밥

➡ 물고기나 새가 모이게 하기 위하여 미끼로 던져 주는 먹이

➡ 예 고기를 잡기 위해 **밑밥**을 던졌다.

활	공
滑	空

➡ 새가 날개를 움직이지 아니하고 낢

➡ 예 도요새가 강 위에서 **활공**으로 미끄러져 내려온다.

배경지식

① 《갈매기의 꿈》은 어떤 책일까?

갈매기 조너선은 먹이를 얻기 위해 비행하는 다른 갈매기와 달리 비행 그 자체를 좋아해요. 그는 먹는 것도 잊은 채 비행을 연습하지만, 부모님과 다른 갈매기들은 그를 이해하지 못하지요. 조너선은 고속 비행의 한계를 이겨 내지 못해 괴로워하지만, 결국 고속 비행을 해냅니다.

조너선은 혼자 외딴 절벽에서 고독하게 지내요. 어느 날 조너선은 자기보다 비행술이 뛰어난 두 갈매기를 만나요. 또 그들을 따라 자기처럼 비행을 연습하는 갈매기들이 모여 사는 곳으로 가요. 조너선은 이곳에서 스승 설리반을 만나 새로운 비행 방법을 익혀요. 그리고 또 다른 스승 창에게 공간을 이동하는 기술을 배우고, 끊임없이 사랑을 연마하라는 가르침을 받아요.

조너선은 그곳에 계속 머물기보다 자기가 떠나온 갈매기 무리로 돌아가기로 결심합니다. 자기와 같은 갈매기가 있다면 도움을 주려고 생각해요. 조너선은 다시 돌아와 플레처 린드라는 갈매기를 만나는데, 플레처 린드도 조너선처럼 비행을 연습하는 갈매기였어요.

조너선은 플레처를 제자로 삼고 추방당한 갈매기들을 하나씩 제자로 삼아요. 그리고 갈매기 무리로 돌아가지요. 갈매기 무리는 조너선 일행을 무시하지만, 조너선 일행은 비행 연습을 계속해요. 그 모습을 본 젊은 갈매기들이 하나둘 조너선 일행에 들어오게 됩니다. 조너선은 자기 가르침을 따르는 갈매기들을 대상으로 자유와 사랑을 가르칩니다.

조너선은 창이 떠난 것처럼 다른 곳으로 가요. 그는 플레처에게 다른 갈매기들을 잘 지도하고, 자기 한계를 뛰어넘을 것을 당부한 뒤 사라져요.

② 하늘을 날면 관점이 바뀐다?

좋은 작품을 쓴 리처드 바크와 생텍쥐페리는 모두 조종사였습니다. 그들은 높은 곳에서 세상을 바라보면서 땅 위에서 세상을 보는 것과는 다르게 본 것일지도 몰라요. 높은 산 정상이나 고층 빌딩, 하늘을 나는 비행기 안에서 아래를 내려다보면 커다란 빌딩이나 조그마한 바위나 별다른 차이가 없지요.

땅 위에서 우리는 "내가 더 커", "아니야, 내가 더 커"라고 아등바등 싸우지만, 높은 하늘을 날아올라 내려다보면 그런 비교가 크게 의미가 없어요. 리처드 바크와 생텍쥐페리처럼 조종사 출신 작가들이 멋진 작품을 쓴 것을 보면, 날아올라 시선을 바꾸면 세상을 새롭게 볼 수 있겠다는 생각이 들어요.

고전 필사하기

저는 공중에서 무엇을 할 수 있고, 할 수 없는지 알고 싶을 뿐이에요.

그게 다예요. 그냥 그게 알고 싶어요.

저는 공중에서 무엇을 할 수 있고, 할 수 없는지 알고 싶을 뿐이에요.

그게 다예요. 그냥 그게 알고 싶어요.

▶▶▶ 먹고사는 것 이상의 무언가에 삶의 의미가 있다고 느끼는 조너선의 말이에요. 이유는 알 수 없지만 왠지 하고 싶은 것, 마음이 끌리는 것이 있다면 그 생각을 무시하지 말고 해보는 것은 어떨까요?

이해력을 높여 주는 질문

1 먹이를 얻으려고 낚싯배에 달려들며 서로 다투는 갈매기들과 조너선은 어떤 점이 다를까요?

----

2 조너선의 부모님은 왜 조너선에게 실망했을까요?

생각을 키워 주는 글쓰기

1 내가 살면서 하고 싶은 것, 배우고 싶은 것은 무엇인가요?

특별한 이유 없이 나도 모르게 재미있겠다고 생각하는 일을 떠올려 보세요.

생각을 키워 주는 글쓰기

2 보통 사람들처럼 평범하게 살고 싶은가요, 아니면 특별하게 살고 싶은가요? 그 이유는 무엇인가요?

평범하다는 건 나쁜 게 아니에요. 나의 성향과 내가 진짜 원하는 것이 무엇인지 생각해 보세요.

초등 필수 고전 인문학 수업

1판 1쇄 발행	2025년 4월 1일
1판 3쇄 발행	2025년 5월 15일

글	임성훈

펴낸이	김봉기
출판총괄	임형준
편집	안진숙, 김민정
교정교열	김민정
디자인	호우인
마케팅	선민영, 조혜연, 임정재

펴낸곳	FIKA[피카]
주소	서울시 서초구 서초대로 77길 55, 9층
전화	02-3476-6656
팩스	02-6203-0551
홈페이지	https://fikabook.io
이메일	book@fikabook.io
등록	2018년 7월 6일(제2018-000216호)

ISBN	979-11-93866-28-3 63700

피카 출판사는 독자 여러분의 아이디어와 원고 투고를 기다리고 있습니다.
책으로 펴내고 싶은 아이디어나 원고가 있으신 분은 이메일 book@fikabook.io로 보내주세요.